广西钦州保税港区图志

2008—2018

广西钦州保税港区管理委员会 编

方志出版社
Publishing House of Local Records

图书在版编目（CIP）数据

广西钦州保税港区图志：2008—2018 / 广西钦州保税港区管理委员会编. -- 北京：方志出版社，2018. 9
ISBN 978-7-5144-3238-1

Ⅰ. ①广… Ⅱ. ①广… Ⅲ. ①自由贸易区—概况—钦州—2008-2018 Ⅳ. ①F752. 867. 3

中国版本图书馆 CIP 数据核字（2018）第 204893 号

广西钦州保税港区图志（2008—2018）

编　　者：广西钦州保税港区管理委员会
责任编辑：冯　松

出 版 人：冀祥德
出 版 者：方志出版社
地址　北京市朝阳区潘家园东里 9 号（国家方志馆 4 层）
邮编　100021
网址　http://www.fzph.org
发　　行：方志出版社图书经销中心
电话　（010）67110500
经　　销：各地新华书店
装帧设计：南宁市佳彩广告设计有限公司
印　　刷：深圳市精一瑞兰印刷有限公司

开　　本：889 × 1194　1/16
印　　张：13.75
字　　数：126 千
版　　次：2018 年 9 月第 1 版　2018 年 9 月第 1 次印刷
印　　数：0001 ~ 1000 册

ISBN 978-7-5144-3238-1　定价：360.00 元

ISBN 978-7-5144-3238-1
定价：360.00 元

编辑说明

BIANJI SHUOMING

一、本志以马克思列宁主义、毛泽东思想、邓小平理论、“三个代表”重要思想、科学发展观、习近平新时代中国特色社会主义思想为指导，坚持辩证唯物主义、历史唯物主义的立场、观点和方法，坚持实事求是原则，力求用图片全面系统、客观真实地记载广西壮族自治区党委、政府谋划推进广西钦州保税港区建设的重大决策部署，记载广西钦州保税港区的十年发展历程，展示广西对外开放新形象。

二、本志图片资料上溯至2008年5月，下迄2018年5月。

三、本志采用图片与文字相结合、以图片为主的体裁和专题式结构。前置概况，各部分、各专题图片之前设无题概述，全书之末置大事记和附录。

四、本志分总体规划、领导关怀、概况、组织架构、基础建设、产业发展、改革开放、口岸服务、招商引资、友好往来、大事记、附录共十二部分，各部分又分若干专题，共收录图片611幅。在同一专题中，原则上以时间为序编排，个别之处为完整反映某一历史事件或人物，则不受此限制。

五、本志图片、文字资料主要来源于广西钦州保税港区管委会，部分图片、文字资料由入区机构及有关公司提供，还有部分图片由摄影工作者个人提供；因照片来源多，数量大，书中图片均不注明摄影者。

六、本志编纂得到广西壮族自治区方志办的指导和大力支持，钦州市方志办也给予了指导和帮助。

七、本志的编纂出版，得到各级领导和编纂人员的关心和支持，在此，编委会表示衷心的感谢。由于我们编纂水平有限，错讹和疏漏之处在所难免，恳请读者批评指正。

编委会名单

BIANWEIHUI MINGDAN

目录

MU LU

中华人民共和国国务院

国函〔2008〕48号

国务院关于同意设立广西钦州保税港区的批复

广西壮族自治区人民政府、海关总署：

你们关于设立广西钦州保税港区的请示收悉。现批复如下：

一、同意设立广西钦州保税港区，规划面积10平方公里。四至范围：北至金光工业园启动区，西至钦州港10万吨进港航道，东至大环作业区后方陆域，南至大榄坪南作业区（具体以界址点坐标控制，详见附件）。

二、广西钦州保税港区的功能和有关税收、外汇政策按照《国务院关于设立洋山保税港区的批复》（国函〔2005〕54号）的有关规定执行。

三、广西钦州保税港区实行封闭管理，广西壮族自治区人民政府要严格实施土地利用总体规划和钦州市城市总体规划，按规定程序履行具体用地报批手续，在节约利用土地资源的前提下进行建设。要按照海关特殊监管区域有关规定组织保税港区隔离监管设施的建设，待条件具备后，由海关总署会同有关部门组织验收。

四、海关总署要会同有关部门，切实做好广西钦州保税港区的监管和服务工作，促进其健康有序发展。

附件：广西钦州保税港区界址点坐标

中华人民共和国国务院

二〇〇八年五月二十九日

附件：

广西钦州保税港区界址点坐标

X（2399977　6246），Y（36565679　1781）；

X（2399977　6246），Y（36568344　4759）；

X（2397285　3109），Y（36569682　3458）；

X（2396222　3683），Y（36567700　6627）；

X（2398937　1029），Y（36565722　6004）。

广西钦州保税港区总体规划

GUANGXI QINZHOU BAOSHUI GANGQU ZONGTI GUIHUA

2008 年 5 月 29 日，国务院正式批准设立广西钦州保税港区，是全国第六个保税港区。

广西钦州保税港区是我国西部沿海唯一的保税港区，是中国距东盟最近的保税港区，地处中国—东盟国际大通道和西南地区出海的最前沿，是广西北部湾经济区开放开发的核心平台和强力引擎。

广西钦州保税港区规划面积 10 平方公里，由码头作业区、保税仓储区、生产物流综合区、配套服务区组成。

全国保税港区情况汇总表

制表时间：2015 年 10 月

序号	名称	批复时间	规划面积（平方公里）	主要简介
1	上海洋山保税港区	2005 年 6 月 22 日	8.14	全国首个保税港区，国际航运发展综合试验区，远东国际航运中心的核心载体。
2	天津东疆保税港区	2006 年 8 月 31 日	10	中国北方国际航运中心和国际物流中心的核心功能区。
3	辽宁大连大窑湾保税港区	2006 年 8 月 31 日	6.88	东北亚国际航运中心核心区，东北亚资源性商品集散地。
4	海南洋浦保税港区	2007 年 9 月 24 日	9.21	环北部湾地区最为开放的航运中心和能源、原材料保税仓储、中转交易的物流中心及出口加工基地。
5	浙江宁波梅山保税港区	2008 年 2 月 24 日	7.7	亚太地区重要国际门户城市的核心功能区、长三角建设资源配置中心和上海国际航运中心的重要功能区。
6	广西钦州保税港区	2008 年 5 月 29 日	10	广西北部湾经济区开放开发核心平台、窗口，打造面向东盟国际大通道的关键通道、面向西南中南地区开放发展新战略支点的核心支点、"一带一路"有机衔接重要门户的一线门户、国际陆海贸易新通道的关键枢纽。
7	福建厦门海沧保税港区	2008 年 6 月 5 日	9.51	海峡西岸国际航运枢纽港，"东南国际航运中心"核心港区。
8	山东青岛前湾保税港区	2008 年 9 月 7 日	9.72	山东半岛蓝色经济区的核心政策功能区，东北亚最具影响力的国际航运中心核心区。
9	广东深圳前海湾保税港区	2008 年 10 月 18 日	3.71	粤港现代服务业创新合作示范区，亚太地区重要的生产性服务业中心，世界服务贸易重要基地。
10	广东广州南沙保税港区	2008 年 10 月 18 日	7.06	华南及泛珠三角地区最大的国际保税物流中心、国际采购中心、转口贸易中心和出口加工中心。
11	重庆两路寸滩保税港区	2008 年 11 月 12 日	8.37	西部地区物流中心枢纽和物流开放平台。
12	江苏张家港保税港区	2008 年 11 月 18 日	4.1	长江黄金水道流域航运中心。
13	山东烟台保税港区	2009 年 9 月 22 日	7.26	环渤海地区开放开发的重要平台和区域性贸易中心、航运中心和高技术产业中心。
14	福建福州保税港区	2010 年 5 月 18 日	9.2	海峡西岸经济区先进制造业基地、两岸产业合作发展先行区，面向东南亚的国际物流航运中心。

广西钦州保税港区功能分区规划图

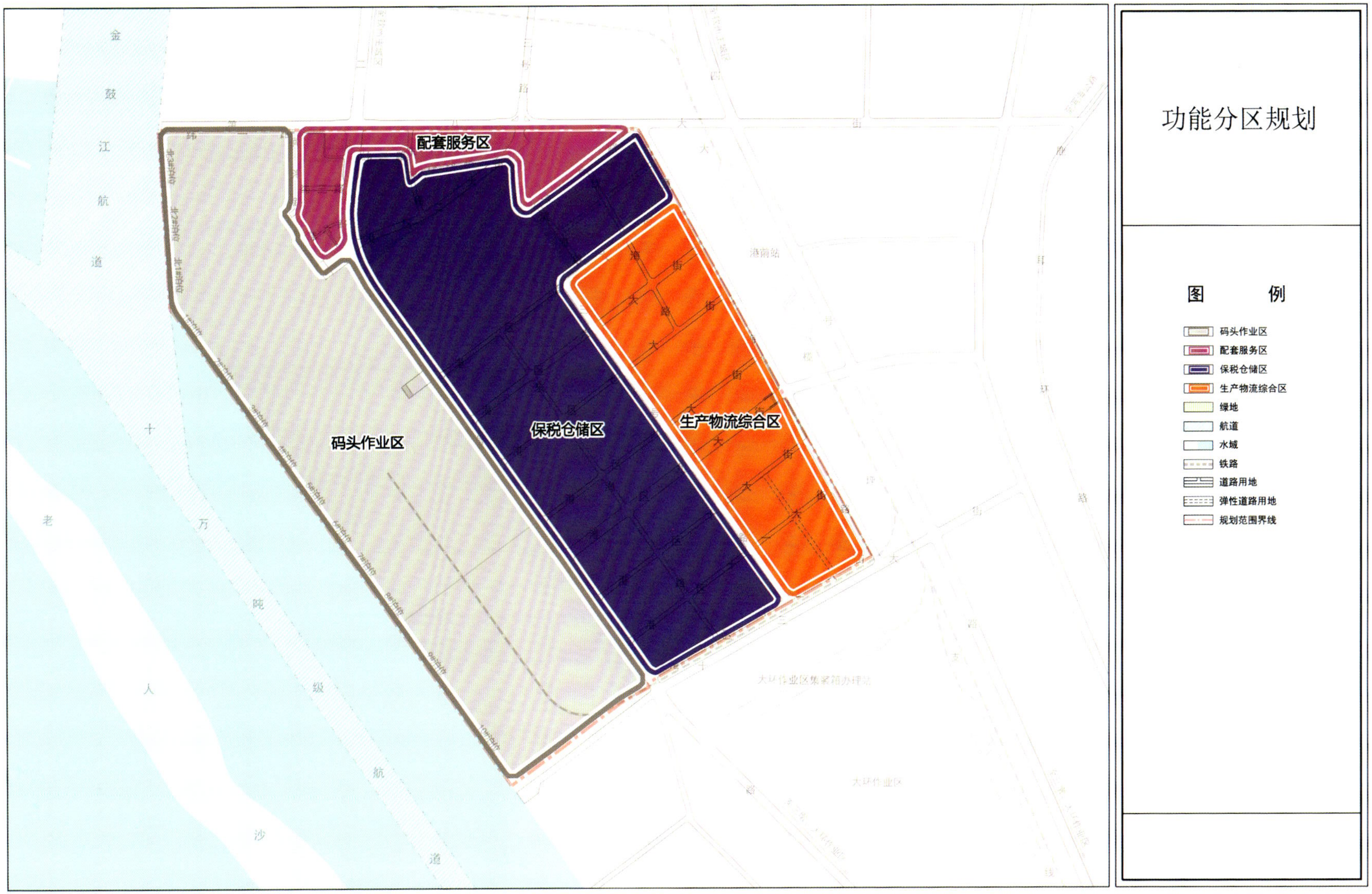

广西钦州保税港区用地规划图

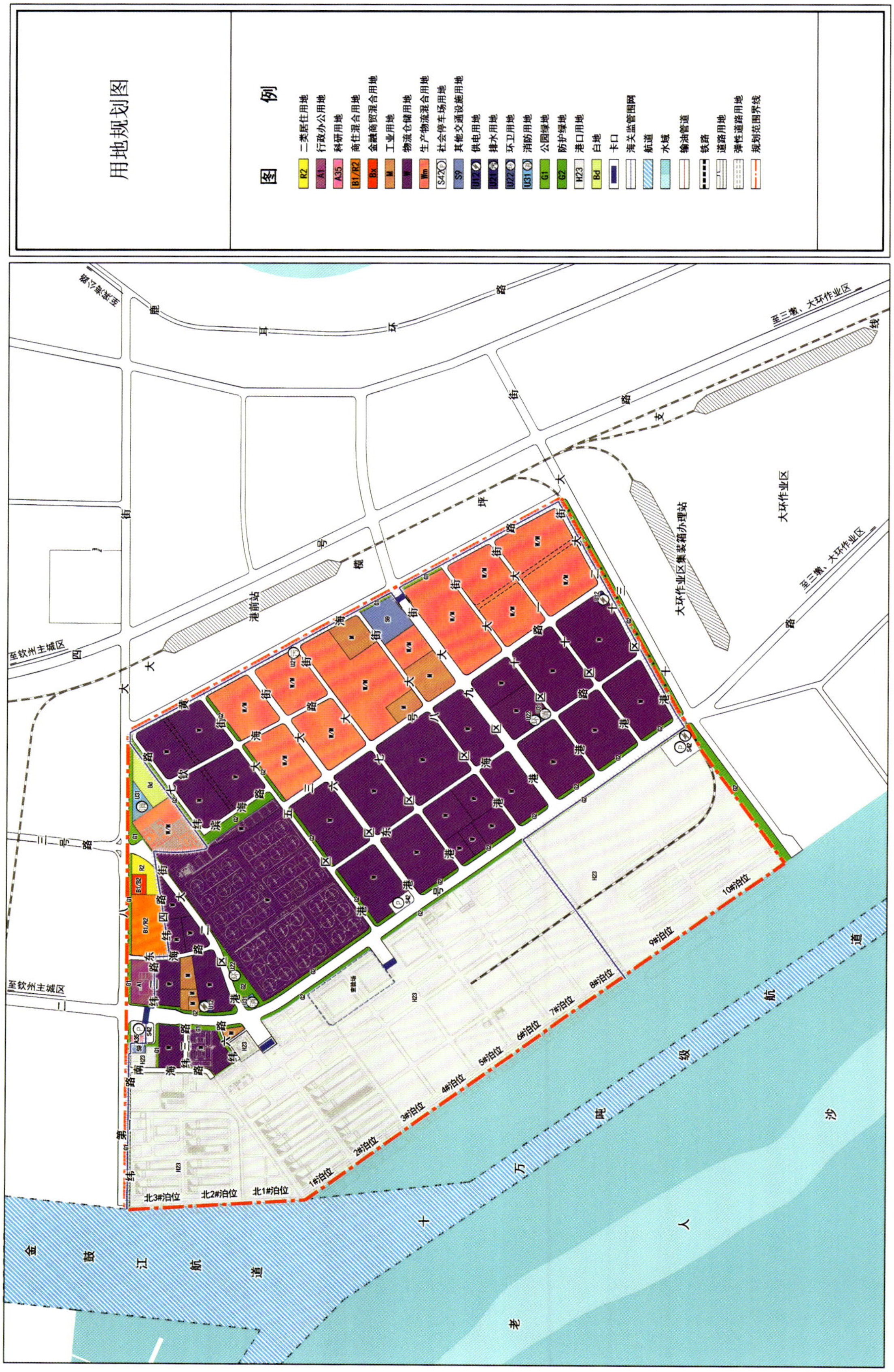

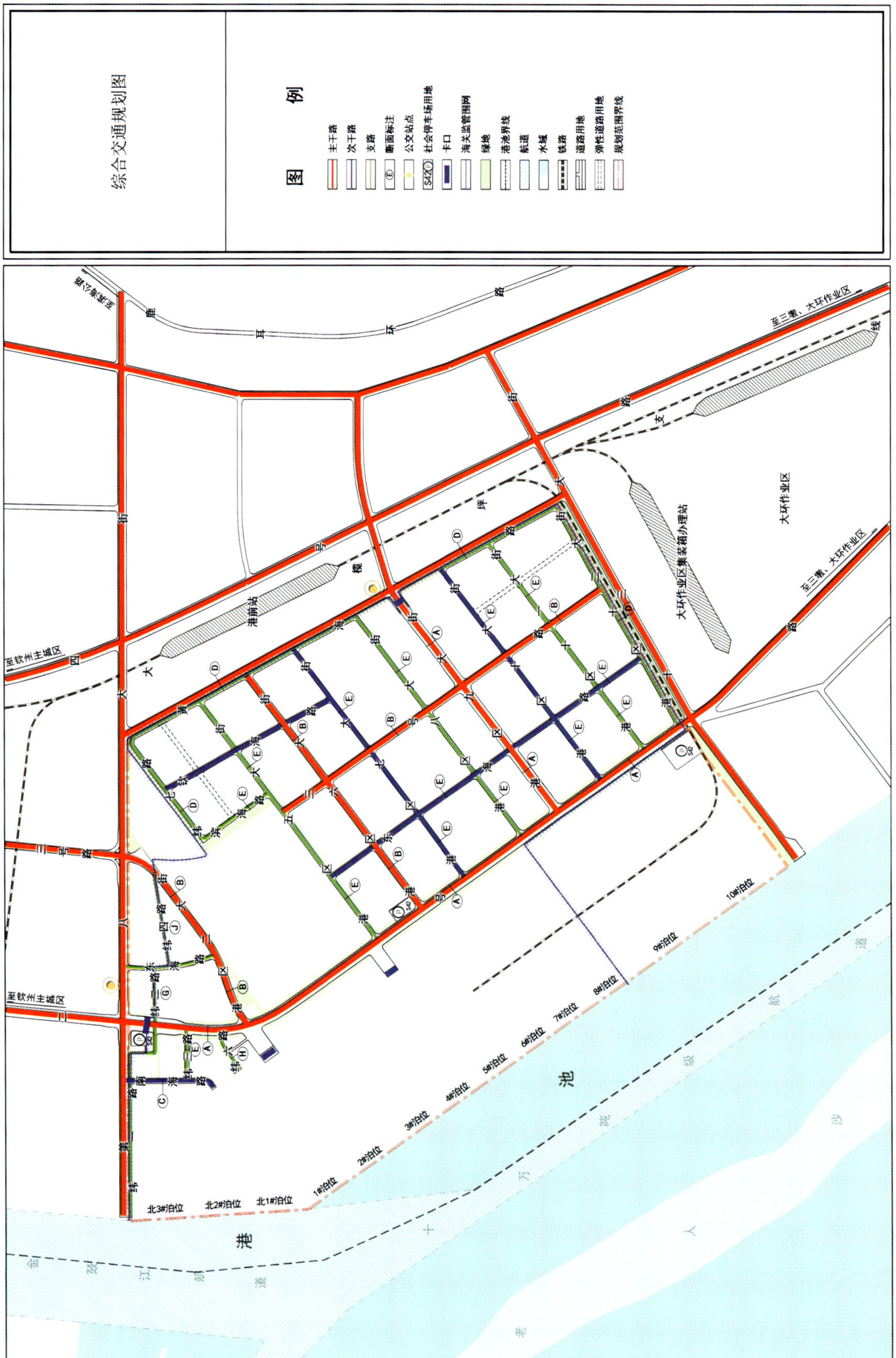

广西钦州保税港区综合交通规划图

第一篇 概况

DI YI PIAN GAIKUANG

广西钦州保税港区于2008年5月29日经国务院批准设立，规划面积10平方公里，是我国第六个保税港区、西南沿海唯一的保税港区、我国距东盟最近的保税港区，由码头作业区、保税仓储区、生产物流综合区和配套服务区组成，具有口岸、加工、物流三大功能，享有保税、退税、免税三大政策。

2011年2月，广西钦州保税港区完成了批准设立、规划建设、封关验收、口岸开放、机构成立等一系列工作流程后，正式开港运营。到2018年5月，广西钦州保税港区累计投入190多亿元，填海造地9.51平方公里，建成11个码头泊位，其中10万吨级集装箱泊位8个、7万吨级滚装泊位1个、5万吨级泊位2个；获批建成运营整车进口口岸、粮食进口口岸、肉类进口口岸、进境水果口岸、汽车平行进口试点口岸及全国进口酒类综合服务产业知名品牌示范区、广西首批示范物流园区、现代服务业集聚区、CEPA先行先试示范基地；建成运营跨境电子商务平台、国际商品直销中心、国际汽车城、奇智高端棉纺项目，以及10多万平方米的标准厂房和30多万平方米的保税物流仓；吸引了新加坡国际港务集团、新加坡太平船务、中海运和香港新恒基等400多家中外企业落户；形成航运物流、大宗商品贸易、整车进口、酒类进口、国际商品直销、冷链物流、加工贸易等特色产业，初步建成广西面向东盟、面向国际的重要窗口和平台。

广西钦州保税港区一角

广西钦州保税港区全貌　　2018 年 5 月 25 日摄

2018 年 4 月 28 日摄

广西钦州保税港区行政综合大楼及申报中心大楼　　2013 年 5 月 15 日摄

广西钦州保税港区码头岸线全景

广西钦州保税港区国际集装箱码头　　2017 年 9 月 27 日摄

2015 年 10 月 23 日摄

广西钦州保税港区集装箱堆场一角　　2018 年 4 月 28 日摄

初现雏形的广西钦州保税港区

广西钦州保税港区码头一角　　2017 年 9 月 28 日摄

2012 年 8 月 8 日摄

夕阳中的广西钦州保税港区　　2017年9月27日摄

夜色中的广西钦州保税港区码头　　2017年9月27日摄

第二篇　组织架构

DI ER PIAN　ZUZHI JIAGOU

2008 年 5 月 26 日，自治区党委、自治区人民政府决定成立广西钦州保税港区建设领导小组，由自治区党委常委、自治区常务副主席李金早任组长，自治区党委常委、自治区副主席陈武和自治区副主席林念修任副组长，领导小组下设办公室和广西钦州保税港区开发建设指挥部。领导小组办公室设在自治区北部湾办；广西钦州保税港区开发建设指挥部设在钦州市，由钦州市负责组建，具体负责广西钦州保税港区开发建设的日常工作，指挥部领导由钦州市主要领导担任。

2008 年 5 月 29 日，国务院同意设立广西钦州保税港区。

2008 年 7 月 4 日，广西钦州保税港区开发建设动员大会在钦州召开，保税港区开发建设指挥部挂牌成立。

2008 年 8 月，广西钦州保税港区开发投资有限责任公司成立，主要负责广西钦州保税港区一期 2.5 平方公里基础设施项目（除港口码头及供电、通信设施外）建设及二、三期 7.5 平方公里的建设、开发和运营。

2008 年 7 月 4 日，自治区副主席陈武（左）为广西钦州保税港区开发建设指挥部揭牌

2009 年 7 月 22 日，钦州市市长、广西钦州保税港区开发建设指挥部总指挥张晓钦在建设指挥部工棚向自治区党委书记郭声琨汇报保税港区建设进展情况

2009年6月22日，经自治区党委、自治区人民政府批准，组建中共广西钦州保税港区工作委员会，为自治区党委的派出机构，组建广西钦州保税港区管理委员会，为自治区人民政府的派出机构，实行“两块牌子、一套人马、合署办公”。

2009年12月3日，广西钦州保税港区工委、管委会挂牌成立，并召开广西钦州保税港区领导班子成员会议，宣布任命领导班子成员：陈武兼工委书记、管委会主任，王乃学任工委副书记、管委会常务副主任兼中共钦州市委委员、常委，李杏（钦州市副市长）兼任工委委员、管委会副主

2009年9月24日，保税港区指挥部板房鸟瞰图

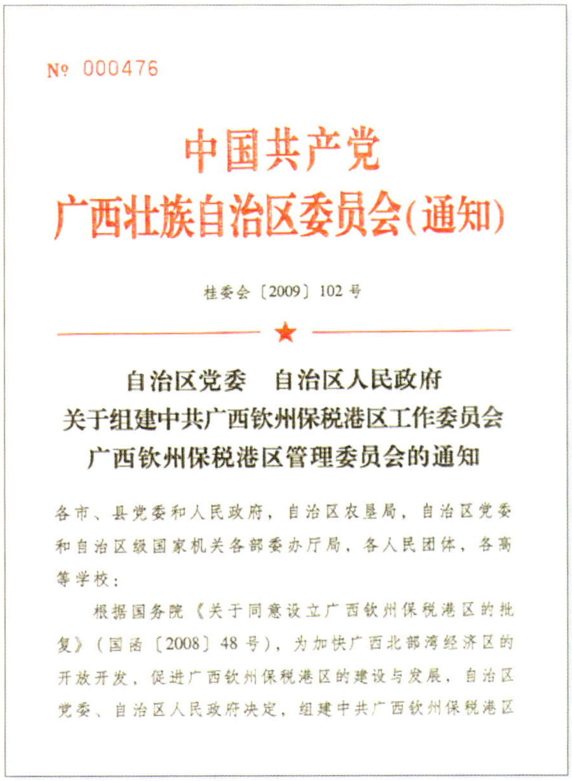

№ 000476

中国共产党
广西壮族自治区委员会(通知)

桂委会〔2009〕102号

★

自治区党委　自治区人民政府
关于组建中共广西钦州保税港区工作委员会
广西钦州保税港区管理委员会的通知

各市、县党委和人民政府，自治区农垦局，自治区党委和自治区级国家机关各部委办厅局，各人民团体，各高等学校：

根据国务院《关于同意设立广西钦州保税港区的批复》（国函〔2008〕48号），为加快广西北部湾经济区的开放开发，促进广西钦州保税港区的建设与发展，自治区党委、自治区人民政府决定，组建中共广西钦州保税港区

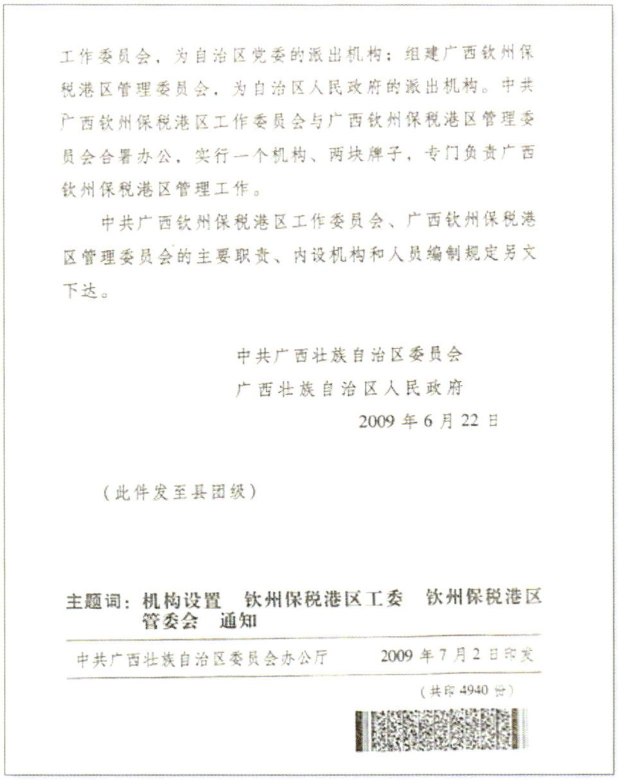

工作委员会，为自治区党委的派出机构；组建广西钦州保税港区管理委员会，为自治区人民政府的派出机构。中共广西钦州保税港区工作委员会与广西钦州保税港区管理委员会合署办公，实行一个机构、两块牌子，专门负责广西钦州保税港区管理工作。

中共广西钦州保税港区工作委员会、广西钦州保税港区管理委员会的主要职责、内设机构和人员编制规定另文下达。

中共广西壮族自治区委员会
广西壮族自治区人民政府
2009年6月22日

（此件发至县团级）

主题词：机构设置　钦州保税港区工委　钦州保税港区管委会　通知

中共广西壮族自治区委员会办公厅　　2009年7月2日印发

（共印4940份）

2009年6月22日，自治区党委、自治区人民政府发文组建中共广西钦州保税港区工作委员会、广西钦州保税港区管理委员会

任，罗贤新任工委委员、管委会副主任，黄志勇任工委委员、管委会副主任。

2011 年，经国家有关部委（署）批复同意，钦州保税港区海关、出入境检验检疫局、边防检查站、海事处四家联检机构陆续设立并举行了揭牌仪式。随后，开始筹建并先后挂牌设立广西钦州保税港区工商管理局、国家税务局、地方税务局、消防大队等机构。

2014 年 10 月，自治区党委政府对广西钦州保税港区的管理体制进行改革。广西钦州保税港区工管委保留派出机构身份和级别，委托给钦州市委市政府管理。广西钦州保税港区工委书记、管委会主任由钦州市市长兼任，设常务副主任 1 名，负责日常工作。同时，改革广西钦州保税港区开发运营模式，即广西钦州保税港区开发建设运营由北部湾国际港务集团独家负责，北部湾投资集团在保税港区内的所有资产和负债统一划转给北部湾国际港务集团，实现了保税港区整体联动开发经营。

2009年12月3日，广西钦州保税港区工管委挂牌成立

2009年12月3日，自治区党委常委、自治区副主席陈武（右），自治区党委常委、组织部部长陈向群（左）为中共广西钦州保税港区工作委员会、广西钦州保税港区管理委员会揭牌

2009年12月3日，广西钦州保税港区工管委揭牌仪式

联检机构

2011 年 2 月 16 日，自治区副主席陈武（左一）为中华人民共和国钦州保税港区海关揭牌

2011 年 2 月 16 日，中华人民共和国钦州保税港区海关举行开关仪式

2011年2月16日，中华人民共和国钦州保税港区海关开关

2011 年 2 月 16 日，自治区副主席陈武（右）为中华人民共和国钦州保税港区出入境检验检疫局揭牌

2011 年 2 月 16 日，中华人民共和国钦州保税港区出入境检验检疫局举行开检仪式

2011年9月27日，中华人民共和国钦州保税港区边防检查站挂牌成立

2011年9月6日，中华人民共和国钦州保税港区海事处挂牌成立

2011年9月6日，中华人民共和国钦州保税港区海事处挂牌成立

驻区机构

2012 年 9 月 13 日，广西钦州保税港区工商行政管理局揭牌成立

2013年11月23日，钦州保税港区国税局挂牌仪式合影

2012 年 11 月 8 日，广西钦州保税港区地方税务局揭牌成立

2009 年 12 月 3 日，自治区党委常委、自治区副主席陈武（右）和自治区委常委、组织部部长陈向群（左）为中国银行钦州保税港区支行揭牌

2013 年 7 月，钦州市消防支队保税港区大队成立

中国工商银行在钦州保税港区的营业网点　　2018 年 4 月摄

开发主体

广西北部湾国际港务集团有限公司

广西北部湾国际港务集团有限公司是广西自治区政府直属大型国有独资企业， 2007 年 2 月 14 日挂牌成立。2009 年 12 月，交通运输部发布公告，广西防城港、钦州港、北海港实施整合，统一使用“广西北部湾港”名称，集团公司开创全国跨行政区域的港口资产整合先河。2014 年上市公司“北海港股份”更名为“北部湾港股份”。三港区主要码头泊位等资产整体上市，实现了广西北部湾港的统一规划、统一建设、统一经营。同年 10 月，自治区党委、政府改革钦州保税港区开发运营模式，即钦州保税港区开发建设运营由北部湾国际港务集团独家负责，北部湾投资集团在保税港区内的所有资产和负债统一划转给北部湾国际港务集团，实现了保税港区整体联动开发经营。

广西北部湾国际港务集团有限公司大楼

北部湾港钦州码头有限公司

北部湾港钦州码头有限公司（原钦州市港口（集团）有限公司）成立于 2004 年 10 月，是广西北部湾国际港务集团有限公司控股北部湾港股份有限公司的全资子公司，主要从事码头运营管理。现有码头泊位 22 个，其中万吨级以上泊位 20 个，5 万吨级以上泊位 18 个，10 万吨级以上泊位 11 个，30 万吨级泊位 1 个（在建）。

2015 年以来，共两家集装箱公司负责集装箱码头运营，其中广西钦州国际集装箱码头有限公司成立于 2010 年 4 月，由北部湾港股份有限公司与中远海运港口有限公司共同出资，负责经营保税港区 1#–2# 两个 10 万吨级泊位；广西北部湾国际集装箱码头有限公司成立于 2015 年 9 月，由北部湾港股份有限公司与新加坡 PSA 国际港务集团有限公司、太平船务有限公司（PIL）共同出资，负责运营保税港区 3#–6# 四个 10 万吨级泊位。

北部湾港钦州码头有限公司大楼

广西北部湾开发投资有限责任公司

广西北部湾开发投资有限责任公司于2008年11月18日正式更名为广西北部湾投资集团有限公司。广西北部湾开发投资有限责任公司成立于2007年2月，注册资本33亿元，是自治区党委、政府为促进广西北部湾经济区开放开发而组建的国有独资企业。业务以水务、公路、产业园区开发为主，以港务、热电等其他基础设施建设为辅，逐步涉入高新技术产业，开展多元化投资经营。

2007年2月，广西北部湾开发投资有限责任公司、广西北部湾国际港务集团有限公司召开成立大会暨揭牌仪式

广西钦州保税港区开发投资有限责任公司

广西钦州保税港区开发投资有限责任公司成立于2008年8月，是广西北部湾投资集团有限公司控股子公司。组建广西钦州保税港区开发投资有限责任公司，是广西自治区党委、自治区人民政府加快建设钦州保税港区的重大举措。广西钦州保税港区开发投资有限责任公司作为钦州保税港区的开发建设主体和投融资平台，主要负责广西钦州保税港区一期的基础设施项目（除港口码头及供电、通信设施外）建设及二、三期保税物流区、出口加工区的吹填和基础设施建设。

2008年8月，自治区、钦州市领导及北投集团领导为保发公司揭牌

第三篇　基础建设

DI SAN PIAN　JICHUJIAN SHE

钦州保税港区自2008年5月29日国家批准设立以来，开发建设累计完成固定资产投资130亿元，其中吹沙填海完成35.5亿元、港口建设完成52.6亿元、路网总投资8.4亿元、基础设施及配套设施总投资33.5亿元。

吹沙填海 钦州保税港区分三期进行海域围海造地，一期规划面积为2.5平方公里，二、三期规划面积为7.5平方公里。2007年至2009年，一期工程开展吹填工作，吹填面积约为3750亩，工程总投资15.5亿元。2009年11月二、三期吹填工程全面开工，2011年吹填完成，海域吹填总面积约11250亩，投资20亿元。

港口建设 钦州保税港区拥有岸线4.6公里，后方货场进深1公里，码头作业区占地4平方公里，规划建设码头泊位13个，其中1–10#泊位规划为10万吨级集装箱泊位，北1#泊位规划为7万吨级汽车滚装泊位，北2–3#泊位规划为5万吨级多用途泊位。2018年，已建成和运营1–8#泊位和北1—3#泊位等11个码头泊位，总投资52.6亿元。

道路建设 钦州保税港区一期规划建设三纵三横共6条道路，总长约9.3公里，二、三期规划建设四纵六横共12条道路。2007年10月至2008年12月，广西钦州临海工业投资有限责任公司建成钦州保税港区配套主干道大榄坪二号路。2009年4月至11月建成一期二号路、三号路、第八大街、港区二大街。2012年12月二、三期路网工程开工，2013年10月建成二号路延长线、三号路、港区九大街及巡逻道。

铁路建设 2008年6月钦州港至保税港区大榄坪铁路支线开工，2009年11月建成。2017年5月建成钦州港东站并投入使用。

航道建设 钦州保税港区位于钦州港10万吨级进港航道东侧，该航道扩建工程于2008年10月完成并投入使用；10万吨级双向进港航道扩建一期工程于2016年开工。

监管设施建设 一期建成主卡口、码头作业区卡口、围网及巡逻道6740米、6.7公顷查验场地、6000平方米监管仓库、4000平方米扣留货物仓库等设施。二、三期范围内已建设4#泊位后方码头卡口一处、规划建设九大街卡口、新建围网及巡逻道约12公里、配套建设约2万平方米查验场、配套建设视频监控系统及红外报警系统等。

产业配套建设 建成原油储备库420万立方米；建成物流仓储库房11855.32平方米；在建标准厂房50000平方米及棉纺类标准厂房185170平方米。

吹填造地

2007年1月，启动一期吹填工程，总投资约15.5亿元，吹填面积约为3750亩。2009年11月17日，启动二、三期吹填工程，总投资206892万元，其中，海域吹填总面积约11250亩，投资约20亿元。建设护岸4.2公里，共抛石95.35万立方米，投资约6892万元。

参与保税港区吹填造地单位共3家，分别是广西北部湾国际港务集团有限公司（由钦州市港口集团和保发公司实施）、钦州市开发投资集团有限公司和广西钦州市临海工业投资有限责任公司。其中广西北部湾国际港务集团有限公司吹填面积13208.18亩，广西钦州市临海工业有限责任公司吹填面积1881.73亩。

钦州保税港区即将在这片滩涂横海出世　　2008 年 11 月底摄

2009年12月1日，钦州保税港区二、三期开工

2008年9月11日，广西钦州保税港区围海吹填项目施工现场

2009年5月，钦州保税港区一期吹填工程施工高峰期，220多艘吹沙船昼夜作业

钦州保税港区二、三期海域吹填正在紧张地施工作业
2009年10月28日摄

吹填时期的二号路和八大街
2009年4月15日摄

如今的二号路和八大街一角
2018年4月28日摄

2009年9月7日，热火朝天的钦州保税港区建设现场

2009年9月，吹填运土车队

不分昼夜的建设现场　　2009 年 9 月摄

决战钦州保税港区　　2009 年 10 月摄

港口建设

广西钦州保税港区已建成11个码头泊位，总投资约为526067.32万元。各码头泊位情况如下：

钦州保税港区国际集装箱码头　　2009年11月10日摄

北1#泊位，设计为7万吨级汽车滚装泊位，设计年通过能力为滚装汽车37.2万辆；

北2#、3#泊位，设计为5万吨级的多用途泊位，设计吞吐能力为集装箱68万标箱、件杂货45万吨；

大榄坪1#、2#泊位，设计为10万吨级集装箱泊位，设计年吞吐能力为集装箱75万标箱、件杂货98万吨；

大榄坪3-8#泊位，设计为10万吨级集装箱泊位，设计年吞吐能力为集装箱90万标箱、件杂货450万吨。

2009年9月21日，钦州港30吨级航道工程开工暨大榄坪1#、2#泊位工程竣工仪式

北1–3#泊位圆筒预制　　2012年5月摄

2014年2月，钦州保税港区大榄坪南作业区3#–5#泊位通过验收

建设中的集装箱堆场　　2009年9月24日摄

建成后的集装箱堆场
2016年9月摄

建设中的港口泊位　2010 年 6 月摄

2009 年 9 月 21 日，中交四航局承建的广西钦州保税港区 1、2 号泊位码头竣工投入运营

建设中的码头　2008 年 10 月摄

建设中的码头泊位　2012 年 9 月摄

2009 年 1 月，钦州保税港区 2 个 10 万吨级码头正在建设中

现代化的国际集装箱码头　2009 年 11 月 10 日摄

广西钦州保税港区码头朝阳　2017 年 9 月 28 日摄

夜色中的码头作业区
2018 年 3 月 28 日摄

建成后的 10 万吨级码头
2018 年 4 月 12 日摄

保税港区码头全景图

码头作业区

2013 年 7 月 4 日摄

现代化的国际集装箱码头

码头作业区

2018 年 4 月 27 日摄

中石油原油储备库建设

中石油原油储备库是广西钦州保税港区第一个进驻项目，原计划占地面积2722亩，设计储油罐100个，可存储原油1000万立方米。该项目于2009年5月15日正式签约，一期42个储罐于2010年5月底全部建成并通过验收（后二期另选他址）。2010年12月，420万立方米原油储备库项目的投产运营，使广西钦州保税港区具备超过300万吨的原油仓储能力，为保税港区打造区域性石油储备、中转、交易、配送基地提供了强力支撑。

2009年8月1日，工人正在吊装输油管道

2009年8月1日，工人正在焊接输油管道

2010年12月8日，广西钦州保税港区首批五个入区项目开工暨中石油储备库试运营仪式

2009年8月16日，总容量420万立方米的中石油钦州原油储备库建设现场

2016年7月6日，总容量420万立方米的中石油钦州原油储备库

配套基础设施

区内供水管网

一期范围内供水管网在道路路网建设时一并建设。

二、三期范围已完成港区五大街 800 米及三号路约 500 米供水管建设，其余供水管网计划在道路建设时一并建设。

排水管施工
（2008年）

区内供电设施

一期范围规划建设保税港区 110Kv 变电站一座，已于 2010 年建成并投入使用；一期范围内的电缆管沟在道路建设时一并完成。

二、三期范围规划建设港务 110Kv 专用变电站一座，于 2016 年建成并投入使用；二、三期范围内的电缆管沟已完成二号路、港区九大街及码头作业区的电缆管沟埋设，其余路段的电缆管沟计划于道路建设时一并开展建设工作。

电缆沟沟壁施工现场
2010年1月摄

110 千伏北港大榄坪变电站　　2018 年 5 月 4 日摄

区内道路

一期范围共规划建设三纵四横共 7 条道路，具体为二号路、东海路、三号路、大榄坪第八大街、港区二大街、港区大街、港区五大街等，红线宽度为 25–60 米不等，总长约 9.3 公里。

二、三期范围共规划建设四纵六横共 12 条道路，具体为二号路、东海路、三号路、黄海路、港区七大街、港区八大街、港区九大街、港区十大街、港区十一大街、港区十二大街等，道路宽度 25~60 米不等，总长约 24 公里；总投资估算为 84031.029 万元。

建设中的区内道路（2009年）

大榄坪第八大街　2009 年 9 月 24 日摄

二号路延长线　2009 年 9 月 24 日摄

整洁的二号路及第八大街　2018 年 4 月 28 日摄

广西钦州保税港区区内道路　　2018 年 4 月 28 日摄

笔直宽敞的区内道路　　2018 年 4 月 28 日摄

监管设施

一期范围内建设主卡口一处（7 进 7 出共 14 条通道）、码头作业区卡口一处（10 进 8 出共 18 条通道）、新建围网及巡逻道（4 米宽）共 6740 米、6.7 公顷查验场地一处、6000 平方米海关及检验检疫部门共同使用的监管仓库一处、4000 平方米海关扣留货物仓库一处、相应的海关监控设施（含数字式主动红外线警戒控测系统、报警系统及 108 个 360 度全方位的云台式监视探头等）。

二、三期范围内已建设 4# 泊位后方码头卡口一处（5 进 5 出共 10 条通道）、规划建设九大街卡口一处（5 进 5 出共 10 条通道）、新建围网及巡逻道（4 米宽）约 12 公里、配套建设约 2 万平方米查验场一处、配套建设视频监控系统及红外报警系统等。

广西钦州保税港区主卡口　　2010 年 7 月 20 日摄

监管设施建设现场　　2009 年 6 月 24 日摄

海关监控围网及巡逻道一角　　2018 年 4 月摄

海关监控围网及巡逻道一角
2018年4月摄

钦州国际集装箱码头卡口
2018 年 4 月摄

周边配套建设

公路

钦州保税港区规划范围内没有高速公路与一般公路穿越，保税港区通过二号路和四号路对接滨海公路、进港大道、六钦高速、南北高速等高等级公路，连接进入区域性主干公路网。

滨海公路　　2018 年 4 月摄

六钦高速公路　　2018 年 4 月摄

二号路北段　　2018 年 4 月摄

扬帆大道　　2018 年 4 月摄

铁路

2015 年 5 月 1 日，钦州大榄坪至保税港区铁路支线及钦州港火车东站建成并投入使用，保税港区货物可依托其快速对外进行集疏运，进而链接区域铁路网络。

2008 年 6 月 24 日，钦州港至大榄坪铁路项目开工

钦州港至保税港区大榄坪铁路支线

2018 年 4 月摄

钦州港火车东站
2018 年 4 月摄

其他配套设施

广西钦州保税港区行政综合大楼　　2010 年 7 月 2 日摄

广西钦州保税港区国际汽车城　　2018 年 4 月 27 日摄

国际商品直销中心

企业职工生活配套区

2017年9月摄

2015 年 9 月 6 日摄

机动车检查中心　　2018 年 4 月 28 日摄

主体完工的钦州保税港区棉纺产业园标准厂房　　2018 年 3 月 20 日摄

钦州保税港区申报中心夕阳景色　　2016 年 6 月 16 日摄

第四篇　产业发展

DI SI PIAN　CHANYE FAZHAN

总体目标与核心定位

总体目标

广西钦州保税港区要持续增强综合实力，努力做大港口量级，积极拓展功能业态，不断深化制度创新，全面完善综合配套，到 2020 年实现功能能级显著提升，自由贸易港制度框架初步形成，内外开放、联动发展的区域合作格局基本确立，初步建成“面向东盟国际大通道的关键通道、面向西南中南地区开放发展新战略支点的核心支点、‘一带一路’有机衔接重要门户的一线门户、国际陆海贸易新通道的关键枢纽”。

核心定位

广西钦州保税港区积极融入“一带一路”倡议，牢牢把握广西新一轮开放的总体要求，紧密依托西南中南的区域腹地，不断深化与东盟全方位开放合作，努力建设成为面向东盟国际大通道的关键通道、面向西南中南地区开放发展新战略支点的核心支点、“一带一路”有机衔接重要门户的一线门户、国际陆海贸易新通道的关键枢纽。

发展战略

深入实施率先突破战略、互联互通战略、扩容聚能战略、创新驱动战略、协同联动战略、人才支撑战略，全面提升广西钦州保税港区的核心竞争力和可持续发展能力。

主要政策功能

广西钦州保税港区是我国开放层次最高、功能最齐全、政策最优惠的海关特殊监管区域之一，具有口岸、加工、物流三大功能，享有保税、退税、免税三大政策。

保税：海关对保税港区与境外之间进出的货物实行备案制管理，对境外运入保税港区的企业加工出口所需的原材料、零部件、元器件、包装物件以及转口货物在区内存储货物等予以保税。

退税：国内货物进入保税港区视同出口，可办理退税。

免税：

1. 对境外运入保税港区的生产性基础设施建设项目所需的机器、设备和建设生产厂房、仓储设施所需的基建物资，企业生产所需的机器、设备、模具及其维修用零配件，以及企业和行政管理机构自用合理数量的办公用品等货物，免征进口关税和进口环节海关代征税。

2. 对从保税港区运往境外的货物，免征出口关税。

3. 对保税港区企业生产的供区内销售或运往境外的产品，免征区内加工环节增值税。

4. 区内企业交易，免征增值税和消费税。

免配额：保税港区与境外之间进出的货物，不实行进出口配额、许可证件管理。

保税仓储：广西钦州保税港区可以存储保税状态的进出口货物和其他未办结海关手续的货物。2018 年，广西钦州保税港区已建成运营恒湘物流、华源物贸、亿隆冷链、玉华冷链、跨境电商保税仓、进口酒类专用保税恒温仓库等保税物流仓 30 多万平方米。

保税加工：区内企业不实行加工贸易银行保证金台账和合同核销制度，海关对保税港区内加工贸易货物不实行单耗标准管理。区内企业应当自开展业务之日起，定期向海关报送货物的进区、出区和储存情况。2017 年，贸统口径加工贸易进出口总额 164.63 亿元；口岸口径加工贸易进出口总额 28.64 亿元、增长 3.1 倍。

保税展示：经广西钦州保税港区海关批准，区内企业可以在广西钦州保税港区专用的展示场所举办商品展示活动。展示的货物应当在海关备案，并接受海关监管。区内企业在区外其他地方举办商品展示活动的，应当比照海关对暂时进境货物的管理规定办理有关手续。目前，广西钦州保税港区已建成 3.2 万平方米的国际商品直销中心、1.5 万平方米的国际汽车城。

国际中转：国际中转业务的物流运作模式大体上可以分为三类：一是国外产品或原料从启运港经广西钦州保税港区中转后进入中国境内其他保税中心（或其它保税功能区）。二是国外产品或原料从启运港经广西钦州保税港区中转后进入目的港。三是国内生产的产品或原料从中国境内其它保税中心（或其他保税功能区）经广西钦州保税港区中转后进入国外目的港。

广西钦州保税港区重点发展与东盟、西南地区和东部沿海港口之间三区域六方向之间的货物中转，包括进口货物向内陆港的中转，国内其他保税物流区货物到国外的中转。

三大功能三大政策

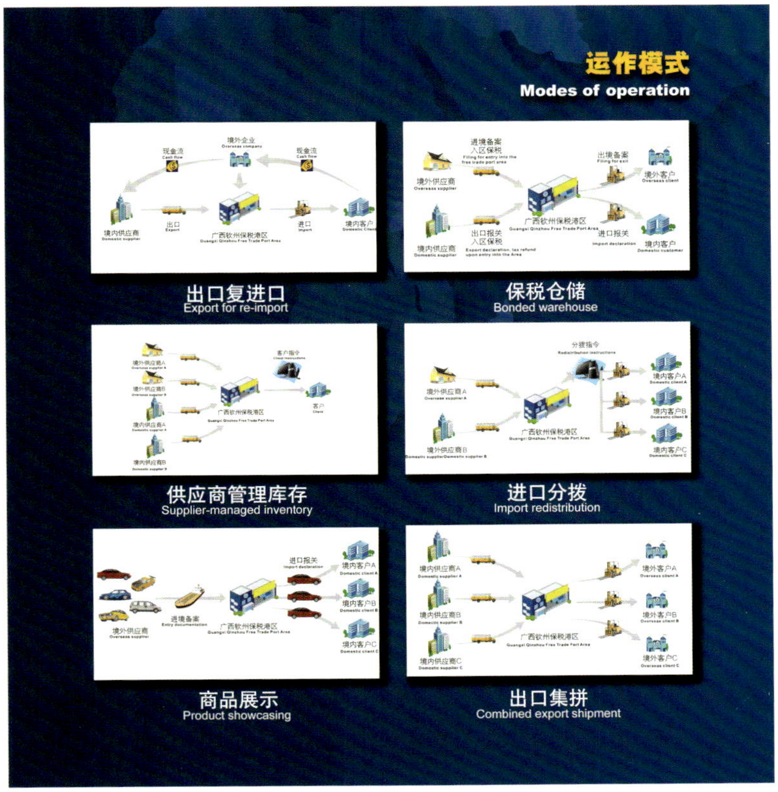

运作模式

国际配送：国际配送分为出口配送和进口配送。其中，出口配送是指国内货物出口到广西钦州保税港区的配送中心，以广西钦州保税港区为基地，经仓储、分拣、贴标等物流活动，配送到国际客户的物流运作模式。进口配送是指货物全部或部分来算境外、部分来自国内，在广西钦州保税港区内仓储、拆集拼合后向国内配送国内企业。

转口贸易：根据货物流通渠道的不同，转口贸易可分为再出口贸易和单据处理贸易两种方式：再出口贸易又称复出口贸易，是指外国商品进口后未经加工又输到外国。单据处理贸易是指出口商通过中间商与进口商发生买卖关系，而后将货物直接从出口国运往进口国的贸易方式。广西钦州保税港区重点发

比较优势

Comparative advantages

区域 / 内容	保税港区	保税区	出口加工区	保税物流园区	综合保税区
主要功能及业务	具有口岸、物流、加工三大功能	贸易、进出口加工、保税仓储	出口加工、拓展保税物流功能及开展研发、检测、维修业务	国际中转、配送、采购、贸易	同保税港区，但没有港口作业功能
集装箱港口功能	集装箱枢纽港在区域内	无	无	通过专门通道和卡口与港口相联系	集装箱枢纽空港在区域内
海关管理	一个海关统一监管	港口与区域分属两个海关监管，以转关方式实行监管衔接	港口与区域分属两个海关监管，以转关方式实行监管衔接	港口与区域分属两个海关监管，卡口通过涉及两个海关监管	一个海关统一监管
外汇管理	《保税监管区域外汇管理办法》	《保税监管区域外汇管理办法》	《保税监管区域外汇管理办法》	《保税监管区域外汇管理办法》	《保税监管区域外汇管理办法》
贸易和物流	有	无	有物流	有物流	有
加工制造	有	有	有	无	有
出口退税	国内货物入区视同出口，进入保税港区就可以办理退税	国内货物入区离境后才能办理退税	国内货物入区退税	国内货物入区退税	国内货物入区视同出口，入区就可以办理退税
集装箱增值业务	国际航线汇集，区内可以开展集装箱拆拼箱、中转等增值业务	无	无	可开展集装箱拆拼箱等增值业务，中转条件有限	集装箱航线汇集，区内可以开展集装箱拆拼箱、中转等增值业务
多式联运	具备直接的海铁联运、水水联运条件	无	无	间接和有限的水水联运	具备直接的集装箱多式联运条件

比较优势

展面向东盟的以汽车、油品、电子、医疗设备、有色金属为主的转口贸易业务，突出出口集拼、进口分拨、流通加工后再出口功能。

港口作业：保税港区是设立在国家对外开放的口岸港区和与之相连的特定区域内，具有口岸等功能的海关特殊监管区域。2018年，广西钦州保税港区已建成运营11个码头泊位，其中10万吨级集装箱泊位8个、7万吨级滚装泊位1个、5万吨级泊位2个。开通40多条集装箱航线，其中外贸集装箱航线已覆盖中国香港、日韩、马来西亚、越南、印度、阿联酋等东亚、东南亚、南亚、中东地区主要港口，内贸直航航线已覆盖广州、厦门、宁波、上海、天津等国内沿海主要港口。2017年，港口吞吐量完成4296.15万吨、增长26.23%；集装箱吞吐量176.9万标箱、增长28.75%，其中外贸集装箱41.96万标箱、增长47.23%。

检测维修：申请在广西钦州保税港区内开展维修业务的企业应当具有企业法人资格，并在广西钦州保税港区海关登记备案。区内企业所维修的产品仅限于我国出口的机电产品售后维修，维修后的产品、更换的零配件以及维修过程中产生的物料等应当复运出境。

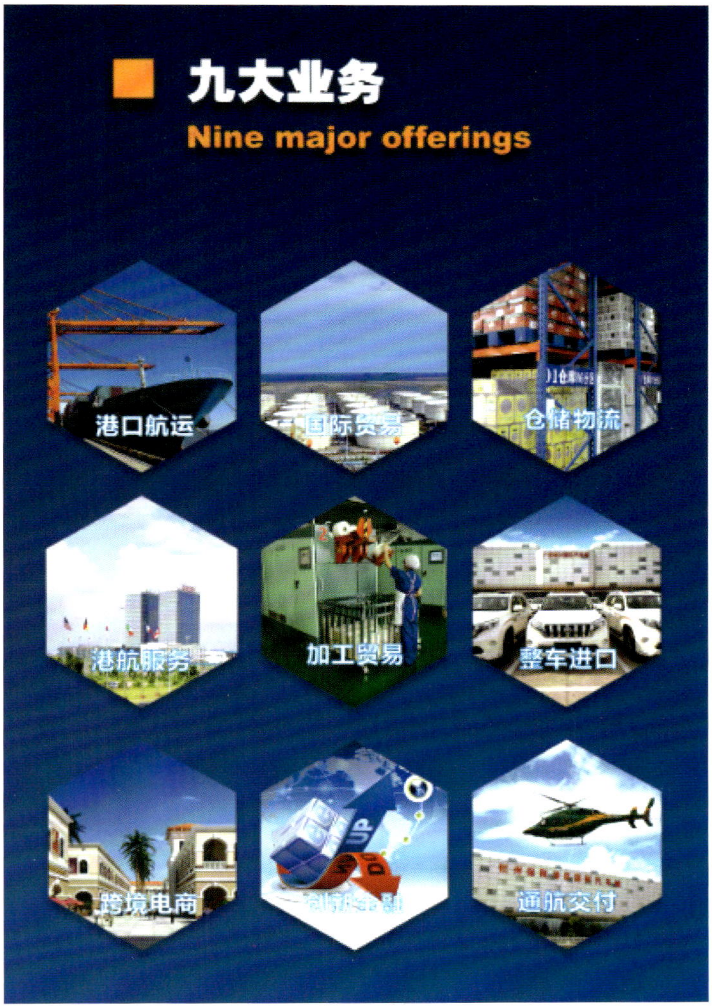

九大业务

物流与贸易

港航物流

截至2018年5月，开通45条集装箱航线，其中外贸集装箱航线已覆盖中国香港、高雄港口，以及韩国、日本、马来西亚、越南、印度尼西亚、泰国、柬埔寨、印度、阿联酋等东亚、东南亚、南亚、中东地区主要港口，内贸直航航线已覆盖广州、深圳、厦门、福州、宁波、上海、青岛、天津等国内沿海主要港口，实现广西钦州保税港区直航香港的“天天班”，启动广西钦州保税港区直航新加坡的“天天班”。全球排名前20名的船公司，有11家船公司进驻广西钦州保税港区开通航线，马士基、法国达飞、地中海、

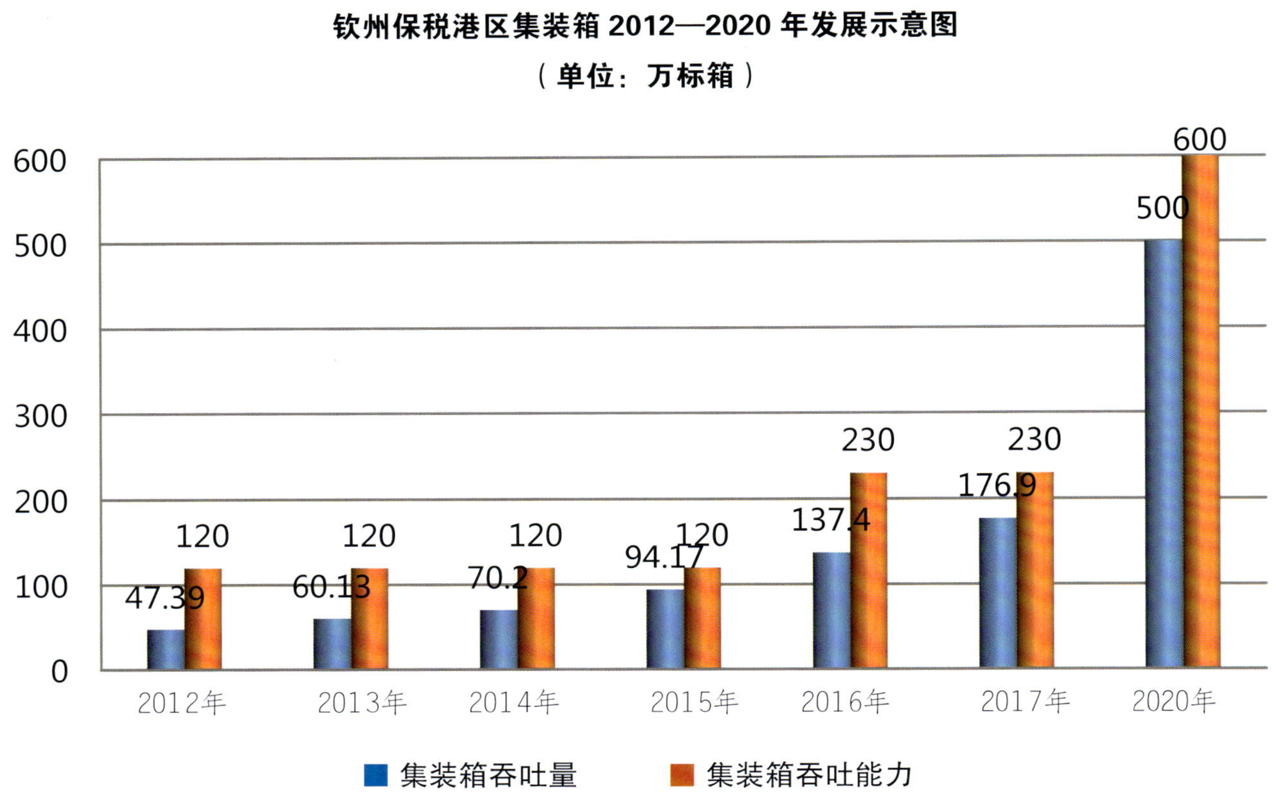

2012—2020年广西钦州保税港区集装箱发展示意图

中远海等全球排名前4名的船公司进驻广西钦州保税港区开通航线。新加坡港务集团（PSA）、新加坡太平船务（PIL）与北部湾国际港务集团合作投资改造建设广西钦州保税港区6个10万吨级集装箱泊位，中远海运集团与北部湾国际港务集团合作投资建设运营广西钦州保税港区2个10万吨级集装箱泊位。

2017年，港口吞吐量完成4296.15万吨、增长26.23%；集装箱吞吐量176.9万标箱、增长28.75%，其中外贸集装箱41.96万标箱、增长47.23%。

广西钦州保税港区将进一步完善港航物流体系，打造“一带一路”南向通道重要枢纽。强化海向陆向集散通道建设，完善航运服务体系，提升港口服务腹地能力，建成多式联运基地。重点发展港口物流、基础航运服务、高端航运服务、中转配送及集拼、冷链物流等业务。推动钦州港东站铁路站场扩容、进港航道扩建、集装箱办理站等项目建设，加快东卡口、6-8#泊位集装箱改造、9-10#15万吨级集装箱泊位、南向通道物流基地、国际冷链中心等项目建设，谋划适箱产业布局和物流基地项目配套。协调加密至新加坡、马来西亚、泰国、越南、日韩、中东等国际班轮航线；协调加密至重庆海铁联运常态化班列，实现至成都、兰州、贵阳等线路常态化运营；加快内陆无水港网络建设。发展国际中转集拼，探索完善与国际中转集拼业务相适应的综合性航运配套服务体系。加快建设“智慧港”，整合与东盟各主要港口码头、货主、集装箱运输企业、货代、船代、口岸通关等资源，提供互联网智能物流服务，构建南向通道的智慧物流和智慧通关体系。

保税物流

保税物流是保税港区重要的政策功能。保税货物在进入保税港区以及存储期间，不征收进口关税，免许可证，不受配额限制。

2018 年，广西钦州保税港区建成运营恒湘物流、华源物贸、亿隆冷链、玉华冷链、跨境电商保税仓、进口酒类专用保税恒温仓库等保税物流仓 30 多万平方米，主要监管保税货物为进口酒类、原油、锰矿、木材、肉类等产品。

大宗货品保税堆场 2018 年 4 月 28 日摄

国际贸易

2018 年，广西钦州保税港区已建成运营国际商品直销中心、国际汽车城等国际贸易展示交易场所，已开展进口汽车、酒类、肉类、水果、粮食、原油、煤矿、金属矿、化肥等国际贸易业务。

2017 年，贸统口径进出口总额人民币 170.09 亿元，口岸口径进出口总额 139.8 亿元、增长 16.61%。

广西钦州保税港区正以“一带一路”南向通道建设为契机，依托保税仓库和港口基础服务设施，以贸易平台建设为核心，坚持国际贸易与港航物流联动，注重发展贸易新业态、新模式，大力引进和培育有渠道、有货源、有影响力的国际贸易集成商，建成设施完善、机制顺畅、服务优质、集聚效应和溢出效应明显的区域性国际贸易总部集聚区。重点发展整车进口、跨境电商、大宗商品交易、进口保税展示交易、离岸贸易和转口贸易等业态，发展与酒类、肉类、水果、海产品等特色商品相关联的冷链物流体系，发展支持国际贸易物流发展的融资租赁、人民币跨境业务、供应链金融等金融服务，探索开展离岸贸易、国际中转及供应链管理等高端国际贸易业务，构建适应国际中转、国际采购、国际配送、国际转口贸易业务要求的国际供应链服务体系，打造南向通道国际陆海贸易产业集聚平台。

探索开展国际中转业务 一是发展以腹地产业为依托的转口贸易和中转配送及集拼服务，突出保税仓储、出口集拼、进口分拨、流通加工后再出口功能。二是引进从事全球供应链运营的流通企业，发展国际集拼和中转分拨业务。

发展国际供应链管理服务 一是推进国际知名航运物流企业和西南中南地区企业的供应链管理合作，发展定制化零配件和产成品的进口中转配送和货物集拼服务。二是推动企业供应链外包业务发展，包括代采购、国际物流、保税仓储、简单加工、配送和供应链金融等供应链增值服务。

培育发展离岸贸易业务 发展货物流在外，资金流、订单流在保税港区的离岸贸易。推进平行进口汽车的离岸贸易发展。

2011 年 2 月 16 日，广西钦州保税港区首批出口货物——百色浩海碳素有限公司 5 辆满载 266.45 吨电极铝钢爪通关

2011 年 5 月 6 日，广西钦州保税港区管委会给第一票通关业务的百色皓海碳素有限公司颁奖

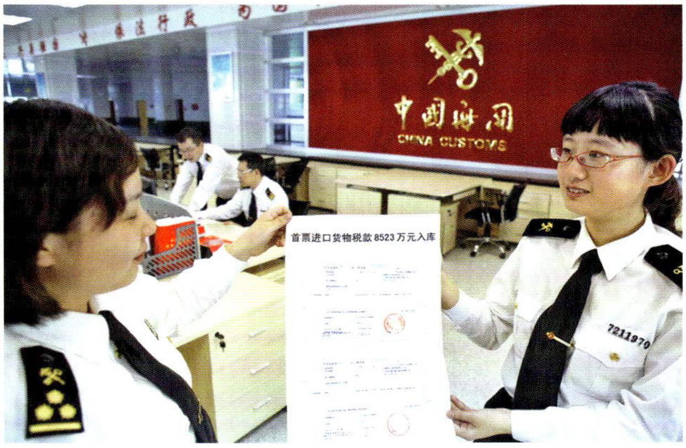

2011年4月19日，首票进口货物税款

2012年5月9日，新钦州轮从广西钦州保税港区码头正式启航

2016年10月12日，广西钦州保税港区集装箱吞吐量突破100万标箱

2016年12月25日，广西钦州保税港区荣获自治区示范物流园区揭牌仪式现场

2016年12月25日，广西召开首批示范物流园授牌座谈会

2017 年 5 月 15 日，广西钦州保税港区"南车北运"海上通道正式启动

广西钦州保税港区冷链物流仓库　　2017 年 11 月摄

广西钦州保税港区保税仓储　　2018 年 5 月摄

广西钦州保税港区酒类保税仓库　2018 年 5 月摄

广西钦州保税港区进驻物流公司　　2018 年 4 月摄

加工贸易

目前，广西钦州保税港区已建成投产奇智高端棉纺、液晶屏、电子产品等一批加工贸易项目，正充分利用保税港区境内关外的特殊监管政策，选择原材料、产成品之间存在显著关税差异，或者原材料需要进行配额管理的产业，发展涉证型加工业和涉税型加工业，建设加工贸易集聚区，重点发展电子信息、高端棉纺、毛纺、食品加工、木材加工等加工制造产业，加快发展进口加工、出口加工、区内加工型贸

中石油原油储备库

易业态，并寻找机会向高端加工制造产业突破。

电子信息产业　抓住东部沿海地区电子信息产业继续向中西部地区转移机遇，接受国际产业分工转移，发挥保税港区保税优势、成本优势、政策优势，着力吸引笔记本电脑、集成电路封装、通信设备制造、数字音频等电子信息产业加工贸易，加强与东部沿海、周边地区的产业配套，积极培育电子信息加工贸易产业集群。

高端棉纺产业　依托保税港区不受棉花进口配额限制、进口加工设备免税优势，形成纺纱、织布、面料、服装、家纺齐全的高端棉纺产业集群。重点发展具有国际竞争力的棉纱产业，搭建服务东盟的棉纺产业投资平台。以奇智纺织为样本，优选东部沿海地区的棉纺制造企业，加快建成面向国内外市场的原料供应地；创新产业发展路径，推动金融资本与棉纺产业的深度融合；用足用好中国—东盟自贸区升级版的政策优势，推进中国与东盟在棉纺产业的产能深度合作；推动国内优势棉纺企业利用人才、技术和品牌优势，在保税港区发展棉纺加工业务。

食品精加工　抓住我国食品加工业快速发展机遇，依托广西及东南亚地区水果和海产品资源丰富、保税港区加工原料进口不受配额管理限制等优势，重点发展以小麦、大米、玉米和糖等为原料的快速消费品和休闲食品加工，以东南亚进口水果为原料的果汁和水果休闲食品加工，以海产品、毛燕为原料的海洋休闲食品和保健品生产加工；以大豆精深加工为重点，发展高端食用油产品及多肽、磷脂、维生素E等保健食品加工。加快形成原料进口、食品加工、检验检测、品牌推广、物流配送、食品检测、食品包装为一体的食品加工产业集群。

2016年8月16日，拥有世界最先进全自动涡流纺纱设备的奇智高端析纺项目进驻广西钦州保税港区

木材深加工　以木材装卸、堆存和交易市场为依托，以精深加工为重点，打造林产品加工产业集群。重点发展实木地板、中高密度纤维板、高档红木家具、仿古家具、高档家具装饰材料、根雕、特色木制旅游产品加工，形成覆盖中南西南、东南亚的木材产品交易和加工中心。“十三五”前期，重点推进木材产业园建设，积极引入国内知名的木材供应链服务企业，开展木材代采购、融通仓、保理等供应链增值服务。积极鼓励木材加工企业参与木材交易市场建设。推进海润进口木材供应链物流中心、古船木及红木家具加工等项目建设。

【广西钦州保税港区奇智纺织品有限公司】　广西钦州保税港区奇智纺织品有限公司，于2012年12月18日在广西钦州保税港区注册成立，经营范围包括生产加工精梳棉条、毛条、棉纱、家用纺织品等，是广西钦州保税港区首家正常开展加工贸易业务的企业，属西部地区鼓励类产业企业。

奇智棉纺加工项目占地31亩，总投资1亿元，建筑面积32850平方米，其中涡流纺纱生产车间8850

平方米、清花分级车间9600平方米、仓储物流中心14400平方米。目前已建成投产4条德国进口的国内首套全自动涡流纺纱生产线，2015年进口棉花4117吨、产值6500万元，2016年进口棉花3016吨、产值7000万元，2017年进口棉花3600吨、产值7500万元。2018年将新增全自动喷气纺纱机、清梳联、并条机等国际先进纺纱关键设备。

2016年8月16日，广西钦州保税港区奇智纺织品有限公司生产车间

奇智公司计划再投资1亿元，新引进10条世界先进的全自动喷气纺纱生产线，形成年产高档纯棉纱1万吨生产能力，新增年产能3亿元。

【广西钦州保税港区棉纺产业园】 广西钦州保税港区利用进口设备免税和进口棉花免配额等政策优势，将高端棉纺产业作为特色优势产业培育发展，建设高端棉纺产业园，促进棉纺、织布（含混纺、毛纺）、印染、服装等配套产业向保税港区转移、聚集，打造高端棉纺产业集聚区。规划到2020年，引进培育5~10家具有较强竞争力的高端纺织企业，以融资租赁方式进口国外先进生产线、以供应链金融和VMI第三方物流进口棉花等方式，实现产值50亿元，形成3亿美元加工贸易额的进口棉花精纺产业集群。

正在建设中的广西钦州保税港区棉纺产业园 2018年3月20日摄

特色业务

进口汽车

整车进口是钦州保税港区大力发展的核心业务之一。2011 年 11 月 1 日，钦州保税港区整车进口口岸通过国家验收；2012 年 4 月 12 日正式运营。2018 年 1 月 30 日，钦州保税港区获批汽车平行进口试点口岸。目前已建成 7 万吨级汽车滚装码头、15 万平方米的汽车专用堆场、1.6 万平方米的汽车展厅和符合平行进口汽车整车检测要求的检测线，正在建设进口汽车小批量检测实验室，进口汽车整车查验、检验、仓储等设施齐全。从软件来看，汽车整车口岸监管基础较好，制定实施了进口汽车整车作业管理制度，建立联合工作小组协调解决问题；香港新恒基、香港博时、光耀、恒祥等 22 家进口汽车贸易公司落户开展整车进口业务；设立了钦州保税港区博时汽车供应链产业基金，为整车进口业务提供全产业链、一条龙服务；推进进口汽车落地上牌改革试点，设立钦州保税港区进口汽车机动车登记服务站，逐步实现进口汽车落地上广西 14 个市牌照。

2011 年 6 月 27 日，广西钦州保税港区整车进口口岸设施通过预验收会议，标志着全国第五个沿海整车进口口岸——广西钦州保税港区整车进口口岸已具备开展汽车进出口业务条件，即将正式运营

2011 年 11 月 30 日，广西钦州保税港区召开整车进口口岸运营发展研讨会

2012 年 4 月 12 日，广西钦州保税港区举行首批汽车进口到岸暨项目签约仪式

2014 年 1 月 13 日，广西钦州保税港区国际汽车城开业

2014年1月13日，广西钦州保税港区国际汽车城开业

2015年12月18日，广西钦州保税港区汽车堆场

2016年1月1日，广西钦州保税港区进口汽车展

2016年1月，举办广西钦州保税港区进口汽车大会

2016年8月10日，广西钦州保税港区国际汽车城

2017年2月15日，广西钦州保税港区管委常务副主任王雄昌带队到国际汽车城调研整车进口情况

进口酒类

广西钦州保税港区以国际先进贸易园区为标杆，以构建"保真、保质、保权"进口酒类供应链质量管控体系为着力点，强化组织领导，加强沟通配合，形成创建合力，全国进口酒类综合服务产业知名品牌示范区。进口酒类产业发展明显提升、品牌建设富有成效、检验检测保障有力、公共服务平台不断完善，实现集群化、专业化、品牌化、网络化的产业经营模式，成为广西北部湾经济区开放合作的靓丽名片和金字招牌。截至2017年年底，钦州保税港区累计进口酒类超1000万升，酒类进口国既有法国、意大利、西班牙、德国、希腊等旧世界国家，也有澳大利亚、美国、阿根廷、智利等新世界国家，进口酒类达4100多种品牌，形成进口酒类产品来源国多元化、品种及档次结构多样化、经销商大中小并存的局面。

2017年12月29日，国家质检总局同意命名广西钦州保税港区为"全国进口酒类综合服务产业知名品牌创新示范区"。

2011年5月6日，广西钦州保税港区管委会给第一批开展葡萄酒进口业务的北海实展贸易有限公司颁奖

2011年4月28日，广西钦州保税港区顺利办结首单葡萄酒进口业务

2011年6月15日，满载着台湾产"台湾啤酒"的10个集装箱在广西钦州保税港区上岸

2012年5月8日，广西钦州保税港区进口红酒品牌示范区创建工作座谈会

2012 年 9 月 22 日，举办广西钦州保税港区葡萄酒之夜

2013 年 5 月 14 日，广西钦州保税港区召开进口葡萄酒业务座谈会

2013 年 9 月 2 日，“迎中国—东盟博览会葡萄酒文化体验周”活动

2016 年 1 月 1 日，举办第一届广西钦州保税港区进口葡萄酒评比大赛

广西钦州保税港区国际商品直销中心进口酒展示

2017 年 10 月 18 日摄

2017年1月1日，举行第二届广西钦州保税港区进口葡萄酒评比大赛

2018年1月1日，举行第三届广西钦州保税港区进口葡萄酒评比大赛

冷链物流

进口肉类指定口岸于 2015 年 4 月通过国家验收，2016 年 6 月启动运营；进境水果指定口岸 2017 年 5 月获批运行，7 月首批进口水果抵港启动运营，开通中泰“水果快线”。2017 年进口水果 3946.6 吨；进口肉类 4191.3 吨，是 2016 年的近 20 倍。

2017年5月22日，广西钦州保税港区举办进境水果检验检疫培训会

2017 年 7 月 18 日，广西钦州保税港区首批进口水果抵港

在第 13 届中国—东盟博览会上召开广西钦州保税港区冷链物流业务推介会

国际商品直销与跨境电商

建成运营国际商品直销中心和海购 365 跨境电商平台，建成运行跨境电商保税网仓、跨境电商香港海外仓，主导设立中国—东盟中小企业贸易促进平台（CAS-TPP），致力于打造西南地区市场规模最大、品种最齐全、性价比最好、网上网下展销相结合的国际商品集散基地。2017 年，国际商品直销中心知名度不断扩大，“蚂蚁洋货”“宝迪红”“众加赢”“临海”等连锁加盟品牌影响力日益增强，实体店已开业 63 家。2017 年直销中心营业额超过 1.5 亿元。

2015 年 9 月 26 日，广西钦州保税港区国际物流和贸易产业聚集区启动直销中心开业

2016 年 9 月 11 日，广西钦州保税港区希腊优质产品馆开馆

2016 年 9 月 11 日，在第十三届中国—东盟博览会期间举办广西钦州保税港区进口商品展

2016 年 9 月 12 日，第十三届中国－东盟博览会上顾客在选购展销的广西钦州保税港区进口商品

2017 年 3 月 17 日，广西壮族“三月三”电商节钦州分会场在国际商品直销中心举办

2018 年 3 月 21 日，广西钦州保税港区国际商品直销中心门店

原油储备

广西钦州保税港区中石油原油储备库是中石油国际事业有限公司在广西布局的重大项目，是广西钦州保税港区第一个建成投产的项目，也是全国保税港区单体投资最大的项目。总规划库容 1000 万立方米，分两期建设，其中一期建设库容 420 万立方米，总投资 36.78 亿元，2009 年 2 月 1 日开工建设，2010 年 8 月建成投入试运营，开展了广西钦州保税港区首单保税业务。该项目的投产运营，使广西钦州保税港区具备超过 400 万吨的原油仓储能力，为广西钦州保税港区打造区域性原油储备、中转、交易、配送基地提供了强力支撑。截至 2017 年年底，累计进口原油超 700 万升。

广西钦州保税港区进口原油储备库　2017 年 5 月摄

通用航空

为抓住国家低空空域管理改革的机遇，推动发展通用航空产业，管委会委托中国民航管理干部学院编制完成《广西钦州保税港区通用航空产业发展规划》，赴北京、上海、沈阳等地与国内知名通航企业对接洽谈，已与派珀天极、华彬航空、北港航投等通用航空公司达成在广西钦州保税港区开展飞机整机进口交付业务的相关协议。直升飞机临时起降业务获批建设营运，直升飞机临时起降点机坪、机库已建成，2016 年 7 月 28 日举行了验证飞行。2017 年 7 月，中国低空快线投资有限公司从美国进口的 2 架派珀 PA28 固定翼初级教练机抵达广西钦州保税港区，开启了广西钦州保税港区首单通用航空器进口交付业务。

2016 年 7 月 28 日，广西钦州保税港区开展引航服务飞行演示

2016 年 7 月，广西钦州保税港区直升机起降点启用暨引航服务飞行演示仪式

2016 年 7 月 28 日，广西钦州保税港区直升机起降点

大宗商品交易平台

2011 年 4 月 11 日，广西钦州保税港区首批外贸满载摩洛哥进口锰矿的集装箱班轮靠泊

大宗商品交易是广西钦州保税港区的主导产业之一。自开港运营以来大宗商品进口交易发展势头良好，以原油、木材、矿产品为特色的大宗商品贸易初具规模。2014 年，原油进口 174.41 万吨，货值 14 亿美元，其中一般贸易原油进口 120.2 万吨、增长 8.09 倍，货值 9.76 亿美元、增长 3.88 倍，保税原油进口 54.19 万吨、货值 4.24 亿美元，库存原油 255.9 万吨；锰矿进口 83 万吨，货值 1.37 亿美元，镍矿进口 84 万吨，增长 49.18%，货值 3848 万美元，增长 41.63%。2016 年，原油进口 465 万吨、增长 18%；木材进口 115 万吨、增长 96%，矿产品进口 63.5 万吨、增长 80.5%。2017 年，木材进口 98.5 万吨，货值 9.14 亿元；煤进口 87.7 万吨，货值 3.9 亿元；矿产品进口 83.1 万吨、增长 30.8%，货值 11.74 亿元、增长 64.2%；大豆进口 74.8 万吨、增长 60.9%，货值 20.97 亿元、增长 66.6%；纸浆进口 22.3 万吨、增长 1.46 倍，货值 8.83 亿元、增长 2.04 倍。

跨境金融

为推动钦州保税港区跨境金融发展，管委会组织开展了金融发展战略及政策功能拓展、期货保税交割业务、金融业务创新等一批课题研究。

2015年12月，设立国内首个进口汽车产业供应链基金——博时汽车产业供应链基金

博时汽车供应链产业基金签约现场

2016年11月18日，举办广西钦州保税港区金融业务知识培训班

第五篇　改革开放

DI WU PIAN　GAIGE KAIFANG

2008年5月，国务院批准设立广西钦州保税港区，规划面积10平方公里。这是我国的第六个保税港区，也是西部地区唯一的保税港区。为此，国家陆续出台了不少政策和规定，把广西钦州保税港区打造成为广西北部湾经济区开放开发的核心平台，作为中国—东盟合作以及面向国际开放开发的区域性国际航运中心、物流中心和出口加工基地。未来的发展目标是要立足北部湾、服务“三南”（西南、华南和中南）、面向东南亚，力争成为运行高效、功能完善、开放度高的亚太地区重要的国际物流枢纽和资源配置枢纽，进一步促进广西北部湾港口成为区域性国际航运中心。这既是改革开放的成果，也为改革开放做出了贡献。

港口合作

2011年2月16日，举行广西钦州保税港区开港仪式，正式开港运营

2009—2014年，广西钦州保税港区开发建设由广西北部湾国际港务集团有限公司、广西北部湾投资集团及钦州市合资成立的广西钦州保税港区开发投资有限公司负责，2个10万吨级集装箱泊位和3个10万吨级多功能用途泊位已投产运营。2014年10月，自治区党委、政府决定由广西北部湾港务集团有限公司独家开发建设运营广西钦州保税港区，实现港口作业区、物流加工区的整体、联动开发经营。

2008年12月8日，广西钦州保税港区召开全面开港运营工作会议

2009年，与中国远洋海运集团合资建设、运营广西钦州保税港区1#、2#10万吨级集装箱泊位。

2011年，钦州港大榄坪3-8#泊位水工工程顺利通过验收。

2014年，广西钦州保税港区3-5#泊位通过对外开放验收。

2015年6月10日，新加坡港务集团（PSA）、新加坡太平船务（PIL）与北部湾国际港务集团合作投资改造建设广西钦州保税港区6个10万吨级集装箱泊位，同年9月，3#-6#集装箱泊位正式运营，这也是国际港口运营商首次进驻广西北部湾地区。

2016年6月，中国—东盟港口物流信息中心在广西钦州保税港区启用，实现了广西钦州港与互航的东盟港口物流信息互联互通。

2017年9月，中新互联互通南向通道正式开通运营，广西钦州保税港区作为南向通道陆海枢纽衔接点战略地位愈加重要。

2018年4月，广西钦州保税港区6#泊位通过对外开放验收。

2011年2月10日，大榄坪作业区召开验收工作会议

2016年5月27日，举行中国—东盟航线和航线服务项目启用仪式

2017年11月9日，广西北部湾港务集团有限公司和新加坡PSA国际港务集团有限公司签约

航线合作

广西钦州保税港区已开通40条集装箱直航航线，其中国际集装箱航线22条，覆盖东南亚、东亚国家主要港口和广州、厦门、宁波、连云港、青岛、大连等国内主要沿海港口。广西钦州保税港区至香港的“天天班”已正式开行，新加坡“天天班”公共航线启动、2018年实现天天开。

全球排名前20名的船公司，有11家船公司进驻广西钦州保税港区开通航线，包括马士基、法国达飞、地中海、中远海等全球排名前4名的船公司。与PSA、PIL等国际知名港口运营和航运企业在码头经营管理、集装箱码头及航道建设等方面开展合作。

2010年1月25日，中国海运（集团）总公司4250TEU集装箱班轮南北直航首航仪式在广西钦州保税港区国际集装箱码头举行

中海集团在广西钦州保税港区开通南北直航航线

2010年8月12日，中海集团钦州港—越南海防集装箱航线开通，这是首条东盟国家直达航线

2012年2月16日，广西钦州保税港区举行“北粮南运”5万吨级散货班轮首航仪式

2010年8月12日，中海集团钦州港—越南海防集装箱直航航线开航仪式在广西钦州保税港区国际集装箱码头举行

2013年2月19日，广西钦州保税港区至新加坡港国际直航集装箱班轮试航成功

2013年2月28日，广西钦州保税港区开通至泰国直航航线

2013年4月20日，举行钦州港—高雄港集装箱班轮首航仪式

2012年5月9日，中国海运集团举行"新钦州"轮首航仪式

2014 年 10 月 28 日，举行钦州港—韩国、印度尼西亚、泰国、越南举行集装箱班轮航线首航仪式

2015 年 2 月，广西钦州保税港区开通至东盟邮轮航线

2015 年 2 月，举行中海集运钦州港至胡志明直航集装箱班轮首航仪式

2017 年 11 月 9 日，举行阿联酋航运“北部湾港—印度 / 中东”远洋航线首航暨“北部湾港—新加坡”天天班公共航线启动活动

航线

广西钦州保税港区依托钦州港十万吨级航道可便捷接入国内、国际主要航线，对接东盟及全球其他地区，至 2018 年 3 月，已开通直航航线共计 40 条。

北部湾港集装箱航线情况表

制表时间 :2018 年 3 月 5 日

		船公司	航线代码	航线挂靠港序	班期	舱位（TEU）	备注（开航时间）
1	外贸	地中海(MSC)	TONGKING2	香港—福州 / 汕头—香港—钦州—海防—香港	周一	2045	2012.11
2		新海丰（SITC）	BBG1	钦州—海防—林查班—雅加达—林查班—钦州	截一开一	1032	2017.6.5
3			BBG2	钦州—蛇口—厦门—宁波—仁川—大山—青岛—上海—胡志明—西哈努克港—曼谷—林查班—海防—钦州	截三开四	1800	2017.6.8
4		德翔航运(TSL)	JTK2	钦州—蛇口—香港—东京—横滨—名古屋—四日—大阪—神户—基隆—台中—高雄—香港—蛇口—海防—钦州	周三	1049	2013.3
5		万海航运(WHL)	CVM	钦州—香港—南沙—巴生港—海防—钦州	周四	1234	2015.2.25
6		太平船务（PIL）	NVS	钦州—越南岘港—越南归仁—新加坡—关丹—海防—钦州	周五	1880	2011.6
7			SQS	钦州—新加坡—林查班—钦州	周四	454	2018.2
8		阿联酋航运（ESL）	GLX	光阳—釜山—上海—宁波—蛇口—钦州—新加坡—巴生—柯钦—那瓦西瓦—蒙德拉—杰贝阿里—阿巴斯—杰贝阿里—哈兹拉港—柯钦—巴生—香港—光阳	周四	5500~6000	2017.10.26
9		中远海(COSCO)/宏海箱运(RCL)	RHY7	钦州—香港—胡志明—新加坡—仰光—新加坡—海防—钦州	周六	1000	2008.12/2017.6.3 日升级航线与中远海共舱
10		长荣海运（EMC）	CVM	钦州—湛江—香港—蛇口—海防—关丹—新加坡—丹戎帕拉帕斯—岘港—海防—钦州	周六	1164	2015.1/2017.4
11		中远海(COSCO)	CVX1	防城—钦州—洋浦—湛江—高栏—盐田—南沙—胡志明—防城	周日	1400	2015.1
12		现代商船(HMM)/天敬海运（CKLINE)	HPX	仁川—釜山—香港—海防—钦州—香港—厦门—仁川	周日	1000	2016.8.21
13		长海船务	CH3	钦州—越南其河（三协港）	不定班	224	2006.8
14		X-PRESS	QH	海防穿巴：钦州—海防	1 周 /2 班	700	2016.7.21
15		北港物流	BGL	钦州—香港	天天班	200~250	
16			BGL	北海—香港	待定		只装烟花、农药
17		恒富	HF	钦州—香港	1 班 / 周	180	
18		北海昊辰	HC	钦州—香港	周二 / 周五	90	
19			HC	北海—香港	周三 / 周六	90	只装烟花、农药
20		五洲航运	WZ	钦州—香港	2~3 班 / 周	200	
21		厦门大达海运有限公司	DD	钦州—香港	不定班	158	
22		北海凯宏船务有限公司	KH	北海—香港	不定班	45	只装烟花、农药

续表：

		船公司	航线代码	航线挂靠港序	班期	舱位（TEU）	备注（开航时间）
23	内贸	中远海	IC19	钦州—宁波—天津—营口—锦州—湛江—钦州	3 天 / 班	5100	
24			IC25	钦州—珠海—南沙—湛江—钦州	7 天 /2 班	4250	2016.11.10
25			IC21	钦州—厦门—泉州—洋浦小铲滩—钦州	10 天 / 班	824	2017.7.16
26		中谷新良	日照线	钦州—厦门—日照—厦门—钦州	5 天 / 班	2500	
27			广州洋浦线	钦州—广州—洋浦—钦州	8 天 / 班	500	2017.06.01
28			广州线	钦州—广州—钦州	7 天 / 班	500	
29		泉州安通	海口线	钦州—海口—钦州	天天班	500	
30			洋浦线	钦州—洋浦—钦州	3 天 / 班	400	2016.12.12
31			珠海线	钦州—珠海—钦州	7 天 / 班	500	2017.7.10
32			上海线	钦州—上海—泉州—钦州	8 天 / 班	500	
33		洋浦中良	泉州厦门线	钦州—泉州—厦门—钦州	5 天 / 班	500	2016.5.14
34		信风海运	营口西南线	营口—锦州—湛江—钦州—营口	9 天 / 班	2500	2017.11.02
35		集韵物流	海口线	钦州—海口—钦州	3 天 / 班	300	
36		联合船代	佛山线	钦州—佛山九江—钦州	4 天 / 班	500	2016.08.06
37			广州线	钦州—广州广浚—钦州	7 天 / 班	500	2017.02.27
38	穿梭巴士北海线铁山线		防城线	钦州—防城港—钦州	1 天 /4 班	250	
39			钦州—北海石步—钦州	天天班	200		
40			钦州—铁山—钦州	天天班	250		

备注：
至 2018 年 3 月，有航线 40 条，其中外贸 22 条，内贸 15 条，穿巴 3 条。
2017 年航线新增 8 条，外贸新增 3 条，内贸新增 5 条。
1. 2017 年 6 月 5 日，新海丰新增“钦州—林查班—雅加达”线投入三艘运力，周班运营。
2. 2017 年 6 月 8 日，新海丰新增“钦州—东北亚—泰越”航线投入 4 艘船舶运营，周班运营。
3. 2017 年 10 月 6 日，阿联酋航运新增“钦州—中东 / 印度”线，投入 8 艘运力，周班运营。
4. 2017 年 2 月 27 日，联合船代新增“钦州—广州—钦州”线，投入一艘运力，8 天 / 班。
5. 2017 年 6 月 1 日，中谷新增“钦州—广州—洋浦—钦州”，投入一艘运力，7 天 / 班。
6. 2017 年 7 月 10 日，安通新增“钦州—珠海—钦州”线，投入一艘运力，7 天 / 班。
7. 2017 年 7 月 16 日，中远海新增 IC21 线，航线挂靠“钦州—厦门—泉州—洋浦小铲滩—钦州”投入一艘运力，10 天 / 班。
8. 2017 年 11 月 2 日，信风海运新增营口西南线，航线挂靠“营口—湛江—钦州—营口”，投入 2 艘载重吨 3 万吨的船舶对开，8 天 / 班。
另：
1. 2017 年 6 月 3 日，原 RCL“钦州—胡志明—新加坡—海防”航线升级，和中远海共舱。其中中远海新投入一艘 RCL 三艘船舶，合计运力 4 艘。船舶周班运营。
2. 2017 年 11 月 1 日，北港物流香港驳船天天班开通。

中新互联互通南向通道建设

2017 年 4 月，广西、重庆与新加坡就渝桂新“南向通道”的建设签署了合作框架协议。

2017 年 5 月，首趟渝桂新（重庆—钦州）“南向通道”试运行班列开行，从重庆出发，48 小时后抵达广西钦州港，再通过海运抵达马来西亚、新加坡等沿线国家，成功实施南向铁海联运通道的首次测试运行。

2017 年 8 月，渝桂黔陇省区市签署《关于合作共建中新互联互通示范项目南向通道的框架协议》。

2017 年 9 月，中新互联互通南向通道海铁联运常态化班列北部湾港（广西钦州保税港区）—重庆正式实现双向常态化运行。

钦州港东站集装箱办理站一期工程（东站作业区）平面示意图

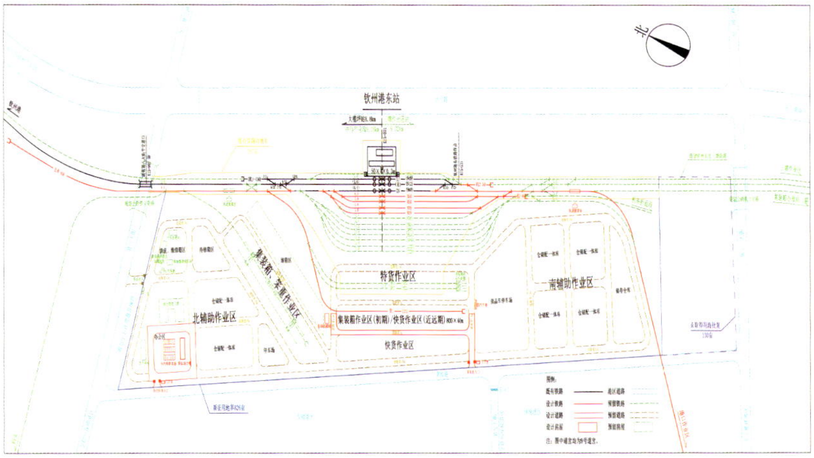

钦州港东站集装箱办理站是中新互联互通南向通道海铁联运的关键节点

2017 年 11 月，北部湾港（广西钦州保税港区）到香港的“天天班”正式开行。

2017 年 11 月，北部湾港（广西钦州保税港区）到新加坡“天天班”公共航线启动。

“蓉桂马”“兰桂新”“黔桂新”和“滇桂新”等海铁联运班列常态化运营正在推进。从重庆经广西北部湾港（广西钦州保税港区）出海至香港时间缩短到 5 天、至新加坡时间缩短到 7 天。

2017 年 5 月 12 日，“渝桂新”南向通道试运行首趟班列自重庆抵达钦州港东站，从广西钦州保税港区起航发往新加波等国家

2017 年 9 月 28 日，中新互联互通南向通道海铁联运常态化班列（北部湾港—重庆）举行首发仪式

2017 年 4 月 20 日，重庆中新示范项目管理局局长韩宝昌（左三）率团到广西钦州保税港区考察调研

2017年8月8日，中新互联互通南向国际贸易物流通道建设甘肃代表团到广西钦州保税港区考察调研

2017年8月31日，渝桂黔陇省区市签署《关于合作共建中新互联互通示范项目南向通道的框架协议》

2017 年 9 月 28 日，中新互联互通南向通道海铁联运常态化班列（北部湾港—重庆）举行首发仪式

2017年9月28日，中新互联互通南向通道海铁联运常态化班列（北部湾港—重庆）举行首发仪式

2018 年 1 月 17 日，中欧班列首发仪式——钦州市委书记、市人大常委会主任王革冰宣布首发班列出发

2018 年 1 月 17 日，中欧班列首发仪式——钦州市委常委、广西钦州保税港区管委会常务副主任王雄昌主持仪式

2018年1月17日，中欧班列（钦州—波兰马拉舍维奇）首发仪式现场

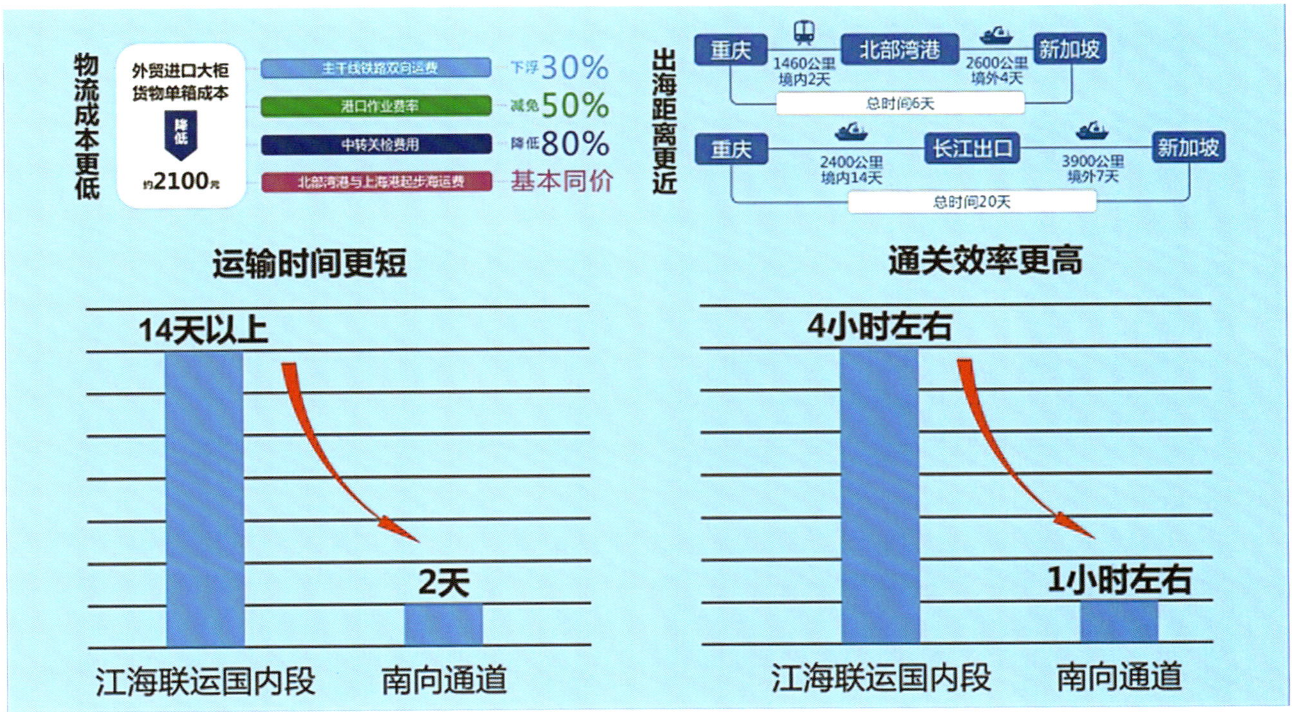

南向通道成本分析（2018年4月制）

中国—东盟中小企业贸易促进平台（CAS-TPP）

中国—东盟中小企业贸易促进平台(CAS-TPP)是由广西钦州保税港区管委会、马来西亚对外贸易发展局、泰国中小企业发展院、中国工商银行马来西亚有限公司、中国银行泰国股份有限公司与《中国—东盟博览》杂志共同发起，于2016年9月正式成立的综合贸易服务机构和公益性贸易促进平台。平台采用政府主导、市场化运营，以广西钦州保税港区国际商品直销中心和跨境电商体系为基础，由广西钦州保税港区领航国际贸易有限公司(简称“领航国际”)具体运营。

2016年12月13日，在泰国召开中国—东盟中小企业贸易促进平台推介会

2017年4月19日，中国—东盟中小企业贸易促进平台（CAS-TPP）首批泰国直采商品到港开柜

2017年6月20日，举办中国—东盟中小企业贸易促进平台国内商超订货会暨“蚂蚁洋货”招商推介会召开

2017年7月27日，广西钦州保税港区举行CAS-TPP马来西亚首批直采商品到港仪式

广西首批 CEPA 先行先试示范基地

2017 年 6 月，广西钦州保税港区成功入选广西第一批 CEPA 先行先试示范基地。

2017 年 7 月 23 日，广西钦州保税港区跨境电商香港海外仓启用仪式在香港举行，标志着广西落实 CEPA 政策的又一举措具体落地，并开启了钦州保税港区跨境电商业务新模式。

2018 年，已落户广西钦州保税港区的港澳独资企业、合资企业和企业代表处包括港中检（钦州）检验有限公司、恒基众星进出口贸易有限公司、马伯乐供应链管理（广西）有限公司、广西钦州保税港区鑫之杰贸易有限公司、博时国际汽车城有限公司、永丰物流有限公司、成德泰进出口有限责任公司、宝迪红供应链有限责任公司等 12 家，主要业务范围涉及航运物流、整车进口、酒类进口、跨境电商、汽车检测、货运代理、国际贸易、加工贸易等。

2017 年 7 月 23 日，广西钦州保税港区跨境电商香港海外仓启用仪式在香港举行

2017 年 7 月 23 日，广西钦州保税港区举行跨境电商香港海外仓启用仪式

2017 年 2 月 11 日，香港贸发局调研组到广西钦州保税港区调研

2015 年 7 月 10 日，香港企业家到广西钦州保税港区考察

改革创新

广西钦州保税港区港口和口岸功能不断完善，先后获批全国进口酒类知名品牌示范区、汽车平行进口试点口岸、进口肉类指定口岸、进境水果指定口岸、粮食进口口岸，国际贸易功能日益完善。

2016 年 1 月 26 日，广西国际贸易“单一窗口”一期应用系统培训会在广西钦州保税港区举办，标志着广西“单一窗口”一期在广西钦州保税港区正式上线。

2016 年 9 月 30 日，广西钦州保税港区工商局向广西效合供应链管理有限公司代表颁发了广西钦州保税港区首张“六证合一、一照一码”营业执照，标志着广西钦州保税港区“六证合一、一照一码”登记制度改革正式全面启动。

广西钦州保税港区一站式申报中心

2011 年 6 月 27 日，广西钦州保税港区整车进口口岸设施预验收会议

2011 年 11 月 1 日，举行广西钦州保税港区整车进口口岸基础和监管设施验收纪要签署仪式

2015 年 4 月 17 日，广西钦州保税港区进口肉类指定口岸通过验收

2016 年 11 月 24 日，广西钦州保税港区进境水果指定口岸通过验收

2017 年 9 月 14 日，广西钦州保税港区“质量月”活动启动暨全国进口酒类综合服务产业知识品牌示范区创建验收动员大会

2017 年 9 月 21 日，广西钦州保税港区全国进口酒类综合服务产业品牌示范区通过验收

2016 年 2 月 1 日，广西钦州保税港区办理广西首单国际贸易单一窗口业务

2016 年 9 月 30 日，正式实施“六证合一”，12 月 27 日在保税港区试点推行电子营业执照。广西钦州保税港区工商局向企业颁出保税港区首张“六证合一、一照一码”营业执照

第六篇　口岸服务

DI LIU PIAN　KOUAN FUWU

2011年2月16日—9月27日，钦州保税港区海关、出入境检验检疫局、海事处、边防检查站先后成立。年内，广西钦州保税港区管委会组织开展“百分之百满意工程”，建立查验单位与企业直接交流及企业评议查验单位机制。

2012年9月13日、11月8日，广西钦州保税港区工商行政管理局、广西钦州保税港区地方税务局先后成立，其后开展相关工作。

2013年，广西钦州保税港区管委会制定鼓励口岸查验部门创新服务奖励机制，推行分类通关、预归类、预审价、原产地预确定、商品预检验和集中报关、分批出区等便利通关措施，完善节假日预约通关和报检制度，培育和引进了一批进出口代理、报关报检、物流运输等供应链服务企业。

2014年，保税港区管委会组织口岸机构开展优质创新服务，推广上海自由贸易区通关便利政策，“一对一”上门服务企业，推行“绿色通道”“无纸通关”“分送集报”等通关作业模式，完成主卡口行政通道优化改造，降低集装箱抽检率。

2015年，广西钦州保税港区出台《关于推广中国（上海）自由贸易试验区可复制改革试点经验工作方案》，借鉴上海等自由贸易试验区经验，复制推广“批次进出、集中申报”、简化统一进出境备案清单、简化无纸通关随附单证，实行智能化卡口验放、集中汇总纳税、区内自行运输、进口货物预检验等措施。9月2日，正式实施“三证合一”“一照一码”。

2016年，建立区域通关、通检一体化机制，完善关检合作（一次申报、查验、放行）机制，企业向检验检疫和海关部门的申报项目录入项从原来分别申报模式的169项优化合并成92项。办理查验等候、货物查验时间均减少50%以上。原产地签证取消属地限制，实行“一次备案、终身有效”办法。2016年9月28日正式实施“六证合一”管理，12月27日试点推行电子营业执照。

2017年，推进国际贸易“单一窗口”，全国通关一体化，北部湾三港集疏运一体化监管等便利化措施落地，大型集装箱检查设备投入使用，全面停征所有货物、船舶、集装箱出入境检验检疫费用。同时简化税收优惠认定和办理程序，保税港区国地税联合办税，为纳税人提供“进一个门、取一个号、到一个窗，找一个人、办两家事”的优质办税服务。推进全程电子化工商登记、电子营业执照和企业简易注销改革，企业可自主选择全程电子化登记成立企业，享受“三零”（零见面、零纸张、零费用）便利。

中华人民共和国钦州保税港区海关

2011年2月16日，钦州保税港区海关开关运作。4月19日，征收首笔进口货物税款。4月28日，与检验检疫局对保税港区第一批进口葡萄酒进行抽样检查。2012年4月11日，对首批进口整车通关查验。此后，海关人员依法对进出口货物开展监管登记、查验核对，并对应税货物征收税款。2015年，实行区域通关一体化，采取货物“批次进出、集中申报”，简化统一进出境备案清单，简化无纸通关随附单证，智能化卡口验放等做法。2017年，推进国际贸易“单一窗口”，全国通关一体化。钦州保税港区海关的优质服务，多次得到企业赞扬。

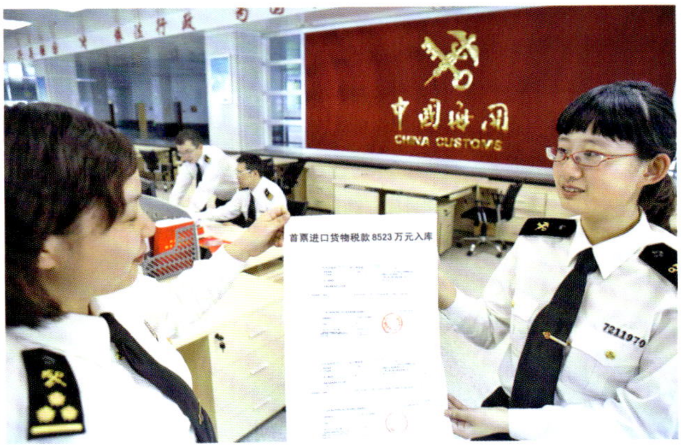

2011年4月19日，首笔进口货物税款

钦州保税港区海关关员在码头监管现场

2011年4月15日，钦州保税港区海关关员在保税港区内巡查

钦州保税港区海关申报中心窗口

2015年5月26日，钦州保税港区海关和出入境检验检疫局对保税仓红酒进行联合查验

2016年5月12日，企业向钦州保税港区海关送锦旗

2016年5月26日，钦州保税港区海关关员到红酒展示区开展稽查工作

2016年6月，钦州保税港区海关关员走访广西钦州保税港区企业

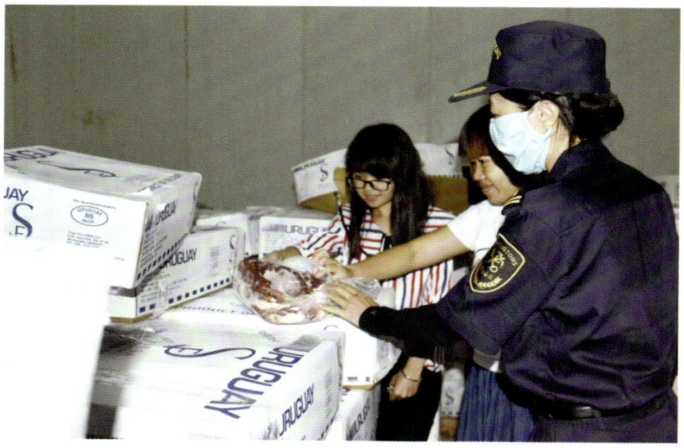

2016年6月14日，钦州保税港区海关关员对首批进口肉类进行查验

2016年6月15日，钦州保税港区海关关员查验保税港区第一批进口冻肉

2016年9月21日，钦州保税港区海关关员对进口汽车进行查验

2016年10月14日，钦州保税港区海关关员对进口设备进行查验

2016年11月8日，钦州保税港区海关关员对进口大豆进行查验

2016年11月20日，钦州保税港区海关关员对进口木材进行查验

2016年11月8日，钦州保税港区海关关员对进口矿物产品进行查验

2016年11月16日，海关服务专员热情服务

2016年11月9日，引导企业开展主动披露获赠锦旗

2016 年 12 月 12 日，企业向钦州保税港区海关赠送感谢牌匾

2017 年 5 月 12 日，钦州保税港区海关关员对“渝桂新”南向通道首趟试运行班列集装箱进行查验

2017 年 8 月 24 日，钦州保税港区海关“兴商惠企”服务队成立

2017 年 9 月 17 日，钦州保税港区海关关员对首趟“渝桂新”南向通道试运行班列集装箱进行查验

2017 年 10 月 31 日，厦门海关到钦州保税港区海关开展整车进口关检业务经验交流

2017 年 9 月 14 日，钦州保税港区海关关员对进口汽车进行查验

2017 年 9 月 15 日，钦州保税港区海关关员对进口整车进行监管巡查

2017 年 11 月 2 日，钦州保税港区海关关员对货轮进行查验

2017 年 11 月 2 日，钦州保税港区海关关员对货轮进行查验

2018 年 1 月 31 日，钦州保税港区海关关员进入集装箱开展查验工作

2018 年 1 月 25 日，钦州保税港区海关开展“国际海关日”活动

中华人民共和国钦州保税港区出入境检验检疫局

2011年2月16日，中华人民共和国钦州保税港区出入境检验检疫局正式开检，次日，首批进境集装箱接受检验。同年4月11日，对首艘进港外轮进行检疫。此后，检验检疫人员或登轮，或在码头、仓储、堆场、实验室等对各类船舶、运输设备、货物、食品等实施检验检疫；同时，主动配合地方政府争取国家质检总局先后于2014年10月9日、2015年4月30日、2017年5月2日批准设立粮食、肉类、水果指定口岸，完善了口岸功能。2017年4月1日，停止征收出入境检验检疫费，同年上线ECIQ系统开展无纸化通关，并实施检验检疫审单放行模式，保税港区进出口企业部分货物实现秒速通关，企业满意度一直保持在较高水平，连续多年获得钦州保税港区优质服务创新一等奖。按照《深化党和国家机构改革方案》工作部署，2018年4月20日，原出入境检验检疫系统统一以海关名义对外开展工作，钦州保税港区检验检疫迎来改革新局面。

2009年6月3日，钦州保税港区检验检疫机构筹备现场

2011年2月16日，自治区副主席陈武（前右二）在开检当日考察报检大厅

2011年2月17日，检验检疫局人员对钦州保税港区首批进境集装箱进行检疫

2011年4月11日，检验检疫人员对进港第一艘船进行检验

2011年5月10日，检验检疫人员对首批进口红酒查验

2011年5月10日，检验检疫局人员登轮宣传疾病防治知识

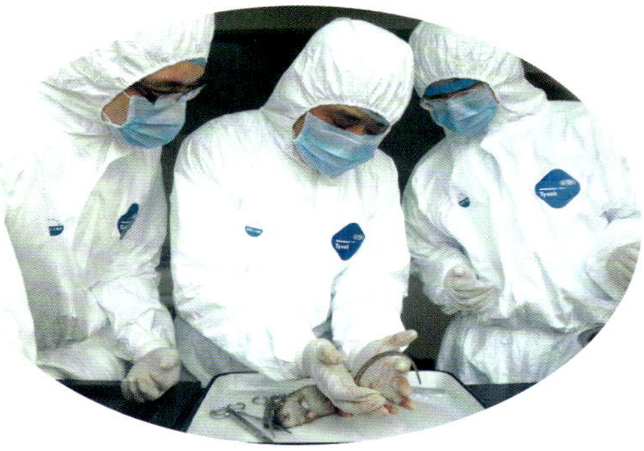

2012年2月24日，检验检疫人员处理媒介监测捕获的老鼠

2011年7月21日，检验检疫人员对集装箱除虫

2012年3月6日，检验检疫人员现场查验第一批进口赤松原木

2012年3月8日，检验检疫局人员对葡萄汁进行抽查

2012 年 5 月 16 日，检验检疫人员对入境奶粉进行现场查验

2012 年 4 月 11 日，检验检疫人员对首批进口整车进行查验

2013 年 11 月 1 日，检验检疫人员对进口辐射松原木进行查验

2014 年 6 月 26 日，检验检疫人员对进口汽车进行查验

2014 年 10 月 17 日，检验检疫人员对矿产品进行抽样检查

2015 年 1 月 13 日，检验检疫人员参与“红沙 -2014”广西核事故应急联合演习

2015年5月11日，检验检疫局人员销毁不合格红酒

2017年7月16日，亚非拉国家代表参观检验检疫实验室

2015年9月23日，钦州保税港区出入境检验检疫局与钦州市质监局签署合作备忘录

2016年5月16日，检验检疫人员对首批进口肉类的标识和货物相关性进行核对

2017年4月19日，检验检疫人员对CAS-TPP首批泰国直采商品开柜查验

2017年7月18日，检验检疫人员对首批进境水果进行查验

2017年9月12日，钦州保税港区出入境检验检疫局开展杂草知识培训

2017年9月7日，钦州保税港区出入境检验检疫局承办集装箱检验预检员培训班

2017年10月27日，检验检疫人员检疫首届马来西亚榴莲节参展榴莲

2017年12月7日，中石化国际事业北京有限公司向钦州保税港区检验检疫局赠送牌匾

2018年1月23日，出入境检验检疫局实验室工作人员在检测

2018年3月5日，检验检疫人员开展“3·15”国际消费者权益日宣传活动

中华人民共和国钦州保税港区海事处

2011 年 9 月 6 日，中华人民共和国钦州保税港区海事处挂牌成立，此后依法对航道、出入保税港区的船只归口管理，接受和处理相关业务。必要时，海事处出动船只为入境货轮护航，与海关、边检、检验检疫部门联合执法。2012 年 10 月 15 日，海事处对落入海中的集装箱进行搜救。2015 年，实施“海事信息电子申报 / 报备”制度，对采取定期结算或者预付方式缴纳港建费的船舶允许提前办理离港手续。海事处提供优质服务，得到船主和群众的赞誉。

海事执法队伍

2009 年 8 月，对入天津外籍船舶进行港口国监督检查

2011 年 10 月 18 日，海事处人员进行 PSC 检查

钦州保税港区海事处与钦州保税港区出入境检验检疫局举行合作备忘签证仪式

2012年6月15日，海事与边检联合执法

2012年10月15日，钦州保税港区海事处对集装箱落海搜救

2013年6月18日，海事处人员服务行政相对人，接受海事法规便捷查询

2014年1月3日，中国钦州外轮代理有限公司向钦州保税港区海事处赠送“严格监管保平安 高效服务促发展”牌匾

2014年9月12日，海事处人员进行集装箱现场检查

2014年10月27日，海事处安全高效服务开港以来最大单批量危险品罐柜出港

2015年8月16日，广西北部湾联合国际船舶代理有限公司向钦州海事局、保税港区海事处赠送“忠于职守　为民服务”牌匾

2015年7月9日，代理企业向钦州保税港区海事处赠送锦旗”

2016年3月9日，海事处为开港以来最大集装箱船舶“永娜”轮护航

2016年2月1日，海事处办理首单单一窗口业务

2015年8月5日，钦州保税港区海事处与钦州保税港区海关签订备忘录

2016年6月，世界海员日，船员流动课堂上船头

2016年6月，安全生产日期间组织开展安全咨询日宣传

严格执法流程，开展进口汽车专项检查

不放弃每一丝希望，全力参与海上搜救

2017年11月2日，护航“南向通道”船舶进出保税港

危险货物集装箱装箱检查

2018年3月，女子巾帼岗上船开展船舶安检

中华人民共和国钦州保税港区边防检查站

经国务院批准，中华人民共和国钦州保税港区边检站于2011年2月16日成立，隶属于广西公安边防总队，正团级建制。2011年至今，检查站紧紧围绕国家“一带一路”倡议，全体官兵务实作为、开拓进取，紧密配合钦州口岸“单一窗口”建设，全面推行出入境船舶网上预报检制度和证件网上预约办理、“劳务工人提前解捆作业”、网上自主备案制度、“自主式接送船”勤务模式等服务及“灾害天气、生命救助绿色通道”，建立进口汽车“高速路”和进口红酒“一体化查验”边检勤务模式，与保税港区海关、检验检疫局和海事处共同签订《口岸执法合作备忘录》，有效提高了出入境船舶的通关效率和服务质量，有力保障了多条集装箱航线的高效运营，受到地方政府、公司企业一致好评。

2012年6月18日，保税港区边检站与保税港区海事处开展海上联合执法行动

2012年8月20日，钦州边检站与钦州保税港区边检站携手举行中国边检服务品牌推介活动

2012年8月19日，钦州边检站人员向群众宣传边检相关知识

2012 年 9 月 28 日，钦州保税港区边检站与钦州保税港区海关举行口岸执法合作备忘录签署仪式

2014 年 7 月 16 日，钦州保税港区边检站分别与 25 家国际船舶代理公司、物流公司、外轮供应公司和装卸公司签订《钦州保税港区口岸边检诚信管理协议》

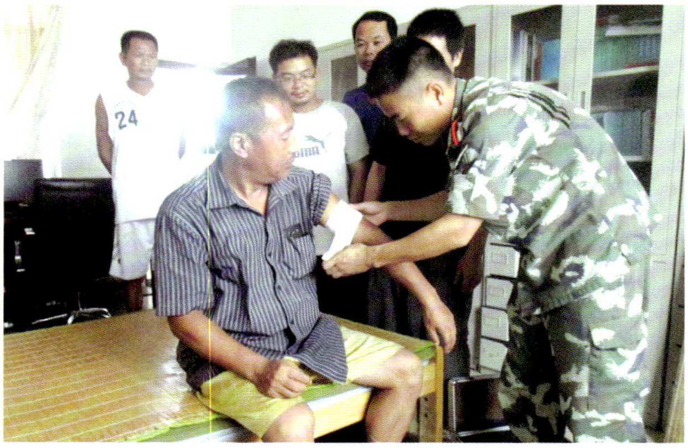

2014 年 7 月 19 日，钦州保税港区边检站救助多名受灾群众

2014 年 12 月 4 日，钦州保税港区边检站会同钦州市港口管理局和钦州市港口（集团）责任有限公司联合举行钦州港口岸码头作业区安保防范管控合作协议签订仪式

2015 年 11 月 17 日，钦州保税港区边检站与钦州保税港区海事处举行海上协作共管协议签订仪式

2016 年 10 月 12 日，钦州保税港区边防检查站与钦州保税港区海关签订合作备忘录

2016 年 5 月 6 日，钦州保税港区边检站获优质服务锦旗

2016 年 12 月 14 日，钦州保税港区边检站获优质服务奖励

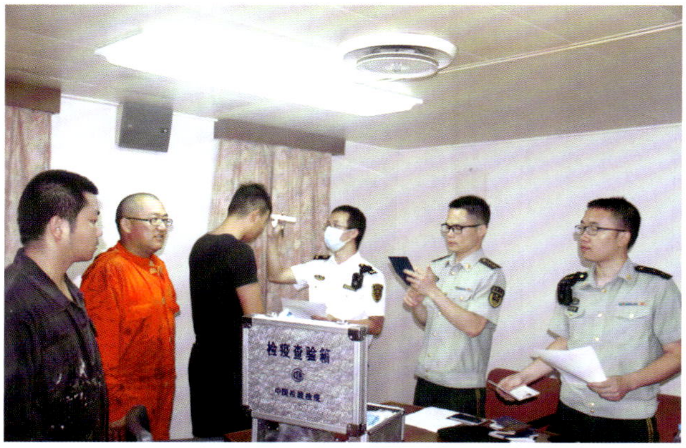

2017 年 1 月 3 日，钦州保税港区边检站联合保税港区口岸联检单位加强对靠泊外轮管控工作

2017 年 3 月 3 日，钦州保税港区边检站推出“便民服务车”服务，为靠泊船舶的换班船员提供便利

2017 年 5 月 26 日，钦州保税港区边检站官兵与外轮船员共度端午佳节

2017 年 6 月 14 日，钦州保税港区边检站举行“青年文明号”揭牌仪式

2017年8月17日，钦州保税港区边检站举行“海上党员之家”揭牌仪式

2018年3月16日，钦州保税港区边检站“海上党员之家”组织结对非公企业党员共同学习全国人大、政协“两会”精神

2018年4月12日，钦州保税港区边检站获优质服务锦旗

广西钦州保税港区工商行政管理局

2011 年 12 月 20 日，自治区机构编制委员会批准成立广西钦州保税港区工商行政管理局。2012 年 9 月 13 日，钦州保税港区工商局正式挂牌成立；同年，推进窗口“一审一核”审批制度，登记时间由原来的 5 个工作日压缩到 3 个工作日。2013 年年初，钦州保税港区工商局积极先行先试，在钦州保税港区率先试行了同一经营场所可同时注册多家企业的政策。2016 年 6 月 20 日，成立了广西消委会钦州保税港区分会；同年 9 月 30 日，颁出钦州保税港区首张“六证合一、一照一码”营业执照。截至 2017 年 12 月 31 日，钦州保税港区内实有企业 375 家，注册资本 66.82 亿元；其中内资企业 14 家，注册资本 10.29 亿元；私营企业 342 家，注册资本 40.51 亿元；外资企业 19 家，注册资本 16.02 亿元。

2015 年 9 月 2 日，钦州保税港区常务副主任、工委副书记、钦州市委常委王雄昌（右一）为企业主颁发钦州保税港区第一张加载全国统一代码的“三证合一、一照一码”营业执照

2018 年 1 月 18 日，广西消委会钦州保税港区分会第一届委员会一次全会召开期间为广西消委会钦州保税港区分会揭牌

2014 年 4 月 22 日，钦州保税港区管委会召开会议，专门听取工商局关于注册资本登记制度改革工作汇报

2012 年 11 月 28 日，颁发首份盖有“广西钦州保税港区工商行政管理局”印章的营业执照

2016年9月30日，向企业颁发首张“六证合一、一照一码”营业执照

2013年3月21日，钦州保税港区工商局深入辖区红酒经营企业调研，了解企业经营情况及征询对工商部门监管服务工作的意见和建议

深入企业向服务对象进行帮扶和指导工作

深入企业开展商标注册培育

联合驻区部门在保税港区码头堆场内进行危化品安全生产检查

积极开展“3·15”活动，向消费者发放宣传资料

为改善营商环境，到辖区企业积极开展营商环境大调查活动

向消费者讲解如何快速辨别假冒劣质产品

组织辖区内企业代表参加国家工商总局工商登记制度改革巡回培训宣讲视频会

在钦州保税港区国际商品直销中心建立消费维权服务站，推进消费维权进景区

在辖区内开展无照经营排查

履职尽责　服务发展，荣获钦州市“青年文明号”荣誉称号

对辖区企业开展相关法律法规宣传，引导企业守法经营

设立“党员示范岗”，接受群众监督

2015年12月25日，广西钦州保税港区牵头组建广西钦州保税港区非公党建联合党支部

积极开展市场准入“五放宽两下放”行动，以“零距离”服务赢得企业的称誉

广西钦州保税港区国家税务局

广西钦州保税港区国税局是2013年11月16日经税务总局批准设立的正处级全职能局，与钦州港区国税局实行“一套人马，两块牌子”的工作模式；日常业务由钦州港区国税局组织开展；截至2017年9月，钦州保税港区国家税务局管户共计221户，其中重点税源3户，主要行业有批发和零售业、交通运输业、仓储业、物流辅助业等。近年来，钦州保税港区国税局积极贯彻落实财税体制改革、国税地税征管体制改革、营改增税制改革。2016年4月5日，保税港区国税地税联合办税服务厅正式启用；2016年5月1日，保税港区国税地税启动营改增税制改革工作；2017年10月19日，保税港区国税局首张车购税发票开具成功。

2015年11月10日，保税港区国税、地税局召开联席会议

2016年4月13日，保税港区国税局、地税局开展税收政策辅导会

2016年5月1日，保税港区国税局开展营改增税制改革工作

2017年10月18日，企业到国地税联合办税服务大厅办理业务

广西钦州保税港区地方税务局

2012年11月8日，广西钦州保税港区地方税务局成立。年内开展税收业务，举办纳税座谈会，宣传税收政策，听取纳税人建议。2014年10月17日，钦州保税港区地方税务局举办小微企业税收政策辅导会。2015年9月8日，广西钦州保税港区地方税务局“金税三期”顺利上线，为北部湾港口集团投资有限公司开出第一张税票及发票。2016年4月5日，保税港区国、地税联合办税服务厅启用，年内开展税制改革，为纳税人提供“进一个门、取一个号、到一个窗，找一个人、办两家事”的优质办税服务。2016年4月13日，保税港区地税局联合保税港区国税局共同举办“营改增”税收政策辅导会，推动“营改增”税务改革工作顺利完成。2017年12月12日，保税港区地税局联合保税港区国税局、建设银行开展“贯彻十九大精神、税银携手落实普惠金融”主题党员活动，助力小微企业发展。

2012年11月8日，广西钦州保税港区地方税务局举行揭牌仪式

2012年12月27日，广西钦州保税港区地税局举办纳税人座谈会

2014年10月17日，广西钦州保税港区地税局举办小微企业税收优惠政策讲座

2015年4月24日，广西钦州保税港区地税局举办小微企业税收优惠政策知识竞赛

2015年9月8日，广西钦州保税港区地税局“金税三期”顺利上线，为北部湾港口集团投资有限公司开具第一张税票及发票

2016年4月5日，广西钦州保税港区国地税联合办税服务厅正式启用

2016年4月13日，广西钦州保税港区地税局联合保税港区国税局共同举办“营改增”税收政策辅导会

2016年5月1日，广西钦州保税港区国税局、地税局共同开展营改增税制改革工作

2016年11月2日，税务部门举办保税港区经济与税收发展专题讲座

2017年3月15日，钦州保税港区国税、地税、工商、边检站、检验检疫局等部门开展联合宣传消费者权益保障知识

2017年4月21日，广西钦州保税港区国税局、地税局召开税收优惠政策宣讲会

2017年12月12日，广西钦州保税港区地税局联合国税局、建设银行开展“贯彻十九大精神、税银携手落实普惠金融”主题党员活动，助力小微企业发展

钦州市公安消防支队保税港区大队

钦州市公安消防支队保税港区大队2013年4月经公安部批复成立，现役干部编制6人，为正营级建制。大队防火监督管辖范围为广西钦州保税港区、中国—马来西亚钦州产业园区和三娘湾旅游管理区，负责辖区内消防行政审批、监督执法和火灾调查。根据自治区人民政府《2015—2017年广西北部湾沿海城市石化产业灭火救援能力建设方案》的要求，在各级党委政府和公安消防部门的关心支持下，大队保税港区石化特勤站和中马产业园区消防站于2017年竣工，年内投入使用，为辖区经济社会快速发展提供消防安全保障。

2016年2月3日，钦州市领导带队深入广西钦州保税港区检查消防安全工作

2017年9月11日，钦州市委书记王革冰（右二）率队到保税港码头开展消防安全检查

2017年1月24日，钦州市领导率队检查春节前消防安全

2018年3月12日，召开2018年钦州保税港区消防工作会议

2018年3月15日，钦州市保税港区消防大队开展“3·15”消费者权益日消防宣传活动

2017年2月20日，钦州市保税港区消防大队参加吉运码头火灾救援

2018年3月15日，钦州市保税港区消防大队监督员在“3·15”消费者权益日当天为群众讲解灭火器使用要点

2018年3月15日，钦州市保税港区消防大队监督员在3.15消费者权益日当天向群众展示消防器材

第七篇　招商引资

DI QI PIAN　ZHAOSHANG YIN ZI

2008—2017年，广西钦州保税港区招商引资工作坚持“走出去、引进来”的发展理念，以打造“一带一路”南向通道海陆枢纽为目标，立足港区实际，发挥港区优势，详细调研产业与企业发展趋势，采取专题招商、展会招商、小分队招商等多种形式，独立举办专题推介会33场，利用中国—东盟博览会等国家、自治区展会平台开展专题招商推介活动18次，招商小分队足迹遍布5大洲32个国家300多个城市，累计落户项目48个，引资超300亿元。

招商推介

2009年2月25日，广西钦州保税港区（上海）举行推介会

2010年1月25日，广西外贸100强企业利用广西钦州保税港区开展业务恳谈会（钦州）

2010年3月26日，广西钦州保税港区管委会应邀参加在汕头举办的第二届国际酒类中国大型展览订购会

2010 年 4 月 21 日，自治区党委常委、自治区副主席陈武在广西壮族自治区人民政府和四川省人民政府共同主办的合作开发北部湾经济区介绍会上推介广西钦州保税港区

2010 年 8 月 4 日，广西钦州保税港区举行整车进口酒类交易招商推介会（上海）

2011 年 12 月 2 日，广西钦州保税港区举行商机（厦门）推介会

2012 年 2 月 29 日，广西钦州保税港区举行广西企业利用商机座谈会（南宁）

2013年1月8日，广西钦州保税港区举行企业家迎春座谈会

2016年12月13日，在泰国召开中国—东盟中小企业贸易促进平台推介会

2016年12月16日，马来西亚贸工部副部长拿督蔡智勇（右二）会见广西钦州保税港区管委会常务副主任王雄昌

2017年2月27日，广西钦州保税港区召开2017广西“壮族三月三”电商节座谈会

2017年3月28日，广西钦州保税港区召开棉纺产业园专题推介会（郑州）

2017年4月26日，广西钦州保税港区召开棉纺产业园专题推介会（苏州）

2017年6月20日，蚂蚁洋货招商推介会

2017年8月15日，广西钦州保税港区召开冷链物流专题推介会（重庆）

2017年11月2日，广西钦州市召开现代物流产业深圳招商恳谈会

2017年12月，广西钦州市召开重点投资项目（上海）恳谈会

2017年12月7日，广西钦州保税港区赴巴西等南美国家开展招商引资会议

东盟博览会

2016年9月，钦州保税港区亮相第十三届中国—东盟博览会（2016年），举办广西钦州保税港区国际合作与进口商品展

2016 年 9 月，第十三届中国—东盟博览会（2016 年）期间，广西钦州保税港区举办希腊优质产品馆开馆仪式

2016 年 9 月，十三届中国—东盟博览会（2016 年）期间，广西钦州保税港区举办冷链物流产业推介会

2016 年 9 月，十三届中国—东盟博览会（2016 年）期间，广西钦州保税港区举办进口汽车业务推介会

2016 年 9 月，十三届中国—东盟博览会（2016 年）期间，游客参观广西钦州保税港区展位

十三届中国—东盟博览会（2016 年）期间，游客选购广西钦州保税港区进口商品

十三届中国—东盟博览会（2016 年）期间，参观客商咨询广西钦州保税港区跨境电商合作事宜

广西钦州保税港区以“一带一路、海陆枢纽、CAS-TPP（中国—东盟中小企业贸易促进平台）、新能源、智慧管理示范平台”为主题亮相第十四届中国—东盟博览会（2017 年）

第十四届中国—东盟博览会（2017 年）期间，举办广西跨境电子商务产学基地揭牌仪式

第十四届中国—东盟博览会（2017 年）期间，广西钦州保税港区与合作方签约

签约仪式

2010年7月22日，广西钦州保税港区举行入区项目签约仪式

2012年5月18日，广西钦州保税港区举行平板电脑制造等五大项目签约仪式

图为2011年3月16日广西钦州保税港区进口汽车检测线项目签约仪式现场

2013年11月5日，广西钦州保税港区—成都市青白江区举行现代物流与商贸区战略合作框架协议签约仪式

2014年12月23日，广西钦州保税港区管委会与广西邮政公司签署合作协议

2015 年 8 月 6 日，广西钦州保税港区国际商品直销中心举行新入驻项目集中签约仪式

2016 年 4 月 21 日，广西钦州保税港区与贵州省黔南州独山县签署战略合作协议

2016 年 7 月 10 日，广西钦州保税港区新龙物流有限公司与泰国康密泰国际物流有限公司在康密泰国际物流有限公司泰国总部（曼谷）举行签约仪式

2017 年 1 月 4 日，平行进口汽车及开式结构不爆轮胎项目合作框架协议签署仪式在广西钦州保税港区举行

2017 年 9 月 28 日，广西钦州保税港区管委会与捷星新能源科技（苏州）有限公司项目举行签约仪式

2018 年 1 月 19 日，广西钦州保税港区管委会与深圳葡萄酒协会举行战略合作签约活动

客商（企业）到访考察

2010 年 3 月 10 日，东莞市经贸考察团到广西钦州保税港区考察

2010 年 4 月 2 日，美国路通企业发展有限公司董事长崔勇（中）一行到广西钦州保税港区考察

2011 年 11 月 10 日，浙江吉利控股集团总裁杨健（左二）一行到广西钦州保税港区考察

2012 年 2 月 7 日，中铁十八局集团公司董事长郝趁义（左四）到广西钦州保税港区考察

2013年2月28日，香港招商局集团有限公司代表团一行到广西钦州保税港区考察

2013年2月28日，中国太平保险集团副总经理谢一群（左三）一行到广西钦州保税港区考察洽谈

2014年5月7日，捷迅（香港）有限公司总经理李家荣（左三）一行到广西钦州保税港区考察

2015年10月10日，华彬航空集团到广西钦州保税港区考察洽谈合作项目

2015年7月14日，深圳众城卓越科技公司董事长阎学科（左四）一行到广西钦州保税港区考察

2016 年 11 月 18 日，富士康科技集团和全球通教育集团企业高管到广西钦州保税港区考察洽谈

2016 年 6 月 20 日，中世国际物流有限公司到广西钦州保税港区考察洽谈滚装水运合作项目

2017 年 2 月 28 日，山东凯远集团代表团到广西钦州保税港区考察

2017 年 5 月 24 日，香港神冠控股集团董事局主席周亚仙（左四）一行到广西钦州保税港区考察

2017 年 12 月 27 日，中铁联合国际集装箱有限公司总经理韩晓鸣（前排右一）一行到广西钦州保税港区考察

2017 年 6 月 22 日，广西北部湾银行总行党行长纪志顺（右二）一行到广西钦州保税港区考察

2018 年 1 月 8 日，中远海运物流有限公司代表团到广西钦州保税港区调研

2018 年 1 月 29 日，阿根廷广东商会会长余永辉（左一）到广西钦州保税港区回访

2018 年 3 月 22 日，中铁国际集装箱有限公司代表团到广西钦州保税港区调研

2018 年 4 月 9 日，钦州保税港区管委会下属企业广西蚂蚁洋货供应链管理有限公司与天津自贸区于家堡环球购跨境贸易综合服务公司签署合作协议

第八篇　友好往来

DI BA PIAN　YOUHAO WANGLAI

省级党政代表团到访

2010年7月26日，海南省委书记、省人大常委会主任卫留成（前排中），省长罗保铭（前排左）率海南省党政考察团到广西钦州保税港区考察

2010年12月21日，安徽省人大常委会副主任胡连松（右一）一行到广西钦州保税港区调研

2011年4月14日，湖北省委副书记、政协主席杨松（左四）一行到广西钦州保税港区考察

2011年4月25日，福建省政协主席梁绮萍（右一）一行到广西钦州保税港区考察

2011年10月18日，云南省副省长和段琪（左六）一行到广西钦州保税港区调研

2012年3月9日，广东省委常委、统战部部长林雄（前排右四）一行到广西钦州保税港区考察

2014 年 9 月 11 日，新疆维吾尔自治区政协副主席古丽夏提·阿不都卡德尔（右三）一行到广西钦州保税港区考察

2015 年 3 月 12 日，辽宁省副省长邴志刚(左四)一行到广西钦州保税港区考察

2015年4月15日，江苏省人大常委会副主任蒋宏坤（右三）一行到广西钦州保税港区考察

2016年3月23日，云南省委书记、省人大常委会主任李纪恒（前排右三），省长陈豪（前排右四）率代表团到广西钦州保税港区考察

2017年3月28日，中联部部长助理窦恩勇(前排右二)一行到广西钦州保税港区调研

2017年8月6日，重庆市副市长刘桂平（左五）率重庆市代表团到广西钦州保税港区考察"渝桂新"南向通道建设情况

2017年9月13日，中国驻越南大使洪小勇（左三）一行到广西钦州保税港区考察

2018年2月6日，青海省政协副主席马志伟（前排右三）一行到广西钦州保税港区考察

2018年4月15日，成都市长罗强（前排右三）率考察团到广西钦州保税港区调研

外国友人到访

2010年10月28日，新加坡考察团到广西钦州保税港区考察

2010年11月30日，以俄共中央主席团成员、中央书记、国家杜马议员德·格·诺维科夫（前排右二）为团长的俄罗斯联邦共产党青年干部考察团一行到广西钦州保税港区考察

2010年12月17日，中国—海湾阿拉伯国家经济转型与共同发展国际研讨会与会代表到广西钦州保税港区考察

2011 年 1 月 10 日，俄罗斯工业考察团一行到广西钦州保税港区考察

2011 年 7 月 2 日，柬埔寨考察团到广西钦州保税港区调研

2011 年 9 月 15 日，马来西亚拿督（左六）到广西钦州保税港区考察

2011 年 10 月 20 日，马来西亚贸工部部长慕斯塔法·穆罕默德（前排右一）到广西钦州保税港区调研

2014 年 1 月 7 日，新加坡驻华大使罗家良（左三）到广西钦州保税港区考察

2014 年 1 月 23 日，马来西亚总理对华特使丹斯里黄家定（中）到广西钦州保税港区考察

2014年9月10日，文莱工业和初级资源部常任秘书长哈嘉·诺玛·贾米尔（左五）一行到广西钦州保税港区考察

2014年9月11日，广西钦州保税港区管委会主任曹坤华会见摩尔多瓦共和国食品与工业部副部长Gheorghe Gaberi先生（加毕里芳·吉奥基），并就葡萄酒进出口双方合作业务等问题交流探讨

2015年4月8日，马来西亚驻华大使塞努丁—叶海亚（左四）一行到广西钦州保税港区考察

2015年6月1日，泰国仔盾代表团到广西钦州保税港区考察

2015年8月20日，泰国考察团到广西钦州保税港区考察

2015年11月10日，日本国际贸易促进协会运输部部长小泽健典（左一）率代表团一行到广西钦州保税港区考察

2016年5月25日，马来西亚总理对华“21世纪海上丝绸之路”特使巴生港及马六甲港港务局主席、前交通部部长江作汉（左三）一行到广西钦州保税港区考察

2016年6月29日，马来西亚巴生港自贸区主席拿督陈章成（右四）到广西钦州保税港区考察

2017年9月12日，英国驻华大使Mr.Marty（右二）到广西钦州保税港区考察

2017年9月13日，第十四届中国—东盟代表团到广西钦州保税港区考察

其他友好往来

2010年3月26日，广西钦州保税港区管委会代表团考察汕头保税区

2010年5月3日，著名电影艺术家卢奇（右二）到广西钦州保税港区考察

2010年5月21日，广西钦州保税港区管委会部分干部到北海出口加工区考察交流

2010年12月15日，宁波梅山保税港区代表团到广西钦州保税港区考察

2010年12月29日，广西钦州保税港区与广西大学共建创新型实践型人才培养教学研究基地举行签约揭牌仪式

2011年6月，广西钦州保税港区管委会考察团赴欧洲考察

2011年9月8日，广西钦州保税港区管委会主任王乃学（左二）率队赴天津考察学习

2011年9月15日，汕头保税区代表团到广西钦州保税港区考察

2012年2月9日，海口综保区代表团到广西钦州保税港区调研

2012年3月21日，中国两区协会领导到广西钦州保税港区考察

2012年11月19日，广西钦州保税港区管委会代表团到苏州考察学习

2013年3月3日，广西钦州保税港区管委会主任曹坤华（中）率队到香港考察学习

2013年6月4日，广西钦州保税港区与广西国际商务职业技术学院合作共建实践教学基地举行签约仪式

2013年7月10日，驻桂十二届全国人大代表专题调研组到广西钦州保税港区考察

2013年11月5日，广西钦州保税港区管理委员会与成都市青白江区人民政府签署战略合作框架协议

2013年12月21日，全国工商联十一届二次执委会议代表团到广西钦州保税港区考察

2014年1月13日，广西广东商会代表团到广西钦州保税港区考察

2014年2月26日，香港中联办培训部一行到广西钦州保税港区考察

2014年10月9日，山东临汾保税区管委会一行到广西钦州保税港区考察学习

2015年3月24日，洋浦保税区一行到广西钦州保税港区考察

2015年8月10日，中越跨境经济合作区管理与建设研讨班学员到广西钦州保税港区考察

2016年3月28日，中马“两国双园”联合合作理事会代表团到广西钦州保税港区考察

2016年4月28日，舟山港综合保税港管委会代表团到广西钦州保税港区考察

2016年5月12日，海峡两岸关系协会会长陈德铭（前排左二）率全国台企联台商考察团到广西钦州保税港区考察

2016年9月23日，广西钦州保税港区管委会与青岛保税港区管委会签署合作协议

2017年4月13日，“一带一路”国际合作高峰论坛中央媒体采访团到广西钦州保税港区开展采访活动

2017年2月11日，香港贸发局调研组到广西钦州保税港区调研

2017年2月25日，亚洲开发银行专家一行到广西钦州保税港区考察

2017年4月14日，广西钦州保税港区管委会常务副主任王雄昌（中）赴上海、苏州开展招商考察

2017年4月13日，“一带一路”国际高峰论坛中央媒体采访团到广西钦州保税港区考察采访

2017年5月12日，香港海上丝绸之路协会副主席王锦彪（前排左一）率香港商贸交流团一行到广西钦州保税港区考察

2017 年 6 月 28 日，郑州经济技术开发区考察团到广西钦州保税港区考察

2017年11月29日，重庆国际物流企业代表团到广西钦州保税港区考察交流

2018 年 1 月 15 日，外交部外交政策咨询委员会委员、美国问题专家、上海国际研究院前院长杨洁勉（右三）率上海国际问题研究院调研组到广西钦州保税港区调研

2018 年 1 月 26 日，香港“一国两制”研究中心考察团到广西钦州保税港区考察

2018年2月5日，台湾新党主席郁慕明（前排左六）率领“台北市两岸人民交流服务协会”参访团到广西钦州保税港区参访

2018年3月28日，中央广播电视台新闻联播编辑部调研组到广西钦州保税港区调研

2018年4月9日，天津东疆保税港区管委会考察团到广西钦州保税港区考察交流

广西钦州保税港区大事记

GUANGXI QINZHOU BAOSHUI GANGQU DASHIJI

2008 年

5 月 26 日，自治区人民政府决定成立广西钦州保税港区建设领导小组，自治区党委常委、自治区常务副主席李金早任组长，自治区党委常委、自治区副主席陈武和自治区副主席林念修任副组长，领导小组下设办公室和广西钦州保税港区开发建设指挥部。领导小组办公室设在自治区北部湾办，广西钦州保税港区开发建设指挥部设在钦州市，具体负责广西钦州保税港区开发建设日常工作。

5 月 29 日，国务院以国函〔2008〕48 号同意设立广西钦州保税港区。

7 月 4 日，广西钦州保税港区开发建设指挥部在钦州市交通组织管理中心正式挂牌成立。自治区党委常委、自治区副主席、广西北部湾经济区管委会主任、广西钦州保税港区建设领导小组副组长陈武，钦州市委书记、广西钦州保税港区开发建设指挥部总指挥汤世保共同为指挥部揭牌。同日，在钦州市文化艺术中心召开广西钦州保税港区开发建设动员大会，陈武作重要讲话，汤世保作动员讲话。会议由钦州市市长、广西钦州保税港区开发建设指挥部总指挥张晓钦主持。

7 月 10 日，自治区党委常委、自治区副主席、北部湾经济区管委会主任陈武率钦州市政府和自治区相关部门领导赴国家海洋局，专程汇报广西钦州保税港区用海问题，获得国家海洋局支持。

9 月 3 日，自治区党委常委、自治区常务副主席、广西钦州保税港区建设领导小组组长李金早，自治区副主席、广西钦州保税港区建设领导小组副组长陈武在南宁主持召开广西钦州保税港区建设领导小组第二次会议，听取广西钦州保税港区开发建设工作汇报，研究和讨论了加快广西钦州保税港区第一期工程建设、管理体制和组织领导等问题。

9 月 10 日，自治区主席马飚主持召开自治区十一届政府第 17 次常务会议，审议并原则通过《广西钦州保税港区总体规划》《广西钦州保税港区控制性详细规划》《关于全面实施〈广西北部湾经济区发展规划〉的决定》。

10 月 4—5 日，中共中央政治局常委、国务院总理温家宝在自治区党委书记、自治区人大常委会主任郭声琨，自治区主席马飚陪同下，在钦州考察指导工作，特别对正在建设中的广西钦州保税港区给予高度关注。

2009 年

3 月 9 日，广西钦州保税港区开发建设指挥部第一次全体会议召开，要求弘扬钦州精神，创造钦州速度，显示钦州干部才干，高标准、高水平、高质量开发建设好广西钦州保税港区。

4月20日，自治区在重庆召开“携手重庆合作开发广西北部湾经济区介绍会”，市委书记汤世保在会上推介了广西钦州保税港区及投资政策情况。

5月13日，中国船舶工业集团公司党组书记李宏考察广西钦州保税港区。他认为，广西钦州保税港区区位优势突出，发展潜力巨大，十分适合发展临海重化工业和港口物流，是理想的加工制造基地和物流基地。

6月22日，自治区党委、自治区人民政府决定：组建中共广西钦州保税港区工作委员会，为自治区党委的派出机构；组建广西钦州保税港区管理委员会，为自治区人民政府的派出机构。

7月8日，自治区党委常委、自治区常务副主席李金早率自治区有关部门领导深入广西钦州保税港区施工现场，实地考察了解一期各项工程建设进展情况，强调要确保广西钦州保税港区一期如期封关运作。

8月4日，钦州市委书记、广西钦州保税港区开发建设指挥部总指挥汤世保深入保税港区现场办公时强调，要进一步增强紧迫感，克服困难，加快进度，确保广西钦州保税港区于2009年12月底封关运作。

8月20日，一艘满载着集装箱的“艳河”号万吨级货轮靠泊广西钦州保税港区1#、2#泊位码头。这是该码头建成后迎来第一艘万吨级货轮，标志着广西钦州保税港区1#、2#泊位码头提前一个月交付使用。

10月20—24日，广西钦州保税港区首次亮相第六届中国—东盟博览会，在南宁国际会展中心2号馆设立专门展位进行全方面展示。

11月12日，国土资源部部长、国家土地总督察徐绍史一行到广西钦州保税港区调研。

11月27日，广西钦州保税港区1#、2#泊位及堆场工程顺利通过交工验收。

11月30日，由南宁海关牵头、自治区有关部门组成的联合预验收小组对广西钦州保税港区（一期）基础和监管设施进行实地预验收，并举行广西钦州保税港区一期预验收工作会议，签署会议纪要。

12月1日，广西钦州保税港区二、三期吹沙填海工程正式动工，标志着广西钦州保税港区二、三期基础设施工程建设正式开始。

12月3日，自治区党委、自治区政府在广西钦州保税港区隆重举行中共广西钦州保税港区工作委员会、广西钦州保税港区管理委员会揭牌仪式。自治区党委书记、自治区人大常委会主任郭声琨和自治区主席马飚作出重要批示并表示祝贺。自治区党委常委、组织部部长陈向群宣读了《自治区党委自治区人民政府关于组建中共广西钦州保税港区工作委员会广西钦州保税港区管理委员会的通知》；自治区党委常委、自治区副主席陈武和自治区党委常委、组织部部长陈向群共同揭牌。

随后召开广西钦州保税港区领导班子成立会议。任命陈武兼工委书记、管委会主任，王乃学任工委副书记、管委会常务副主任兼中共钦州市委委员、常委，李杏（钦州市副市长）兼任工委委员、管委会副主任，罗贤新任工委委员、管委会副主任，黄志勇任工委委员、管委会副主任。

12 月 3 日，自治区党委常委、自治区副主席陈武主持召开广西钦州保税港区工委第一次会议。

12 月 3 日，中国银行钦州市保税港支行正式开业，这是广西首家进驻广西钦州保税港区的商业银行。

12 月 7 日，国务院下发《关于进一步促进广西经济社会发展的若干意见》，明确将广西钦州保税港区列为整车进口口岸。这是继天津、大连、上海、广州黄埔之后的第五个沿海整车进口口岸。

12 月 9 日，广西钦州保税港区管委会第一次主任办公会议召开。

12 月 14 日，著名经济学家、全国人大常委会副委员长成思危到广西钦州保税港区调研。

12 月 23 日，广西钦州保税港区一期通过国务院联合验收组验收。由海关总署、发展改革委、财政部、国土资源部、商务部、交通运输部、住房建设部、税务总局、工商总局、质检总局、外汇管理局等 11 部委组成的联合验收组对广西钦州保税港区的申报中心、海关总监控室、监管用房、查验中心等相关设施进行了现场验收，并颁发了验收合格证书。

2010 年

1 月 7 日，海关总署副署长李克农和自治区党委常委、自治区副主席陈武在中国—东盟自由贸易区论坛上共同为广西钦州保税港区揭牌。

1 月 25 日，中国海运（集团）总公司 4250TEU 集装箱班轮南北直航首航仪式在广西钦州保税港区国际集装箱码头举行。

2 月 10 日，广西钦州保税港区管委会与钦州市委、市政府在钦州市召开第一次工作对接会，研究加快广西钦州保税港区与钦州市良性联动发展事宜。

2 月 22 日，广西钦州保税港区管委会与广西北部湾国际港务集团有限公司在南宁召开第一次广西钦州保税港区运营、招商工作对接会。

3 月 5 日，自治区副主席李康一行到广西钦州保税港区调研。

3 月 19 日，广西钦州保税港区管委会在南宁召开《广西钦州保税港区管理办法》立法工作座谈会。

3 月 31 日，自治区党委常委、自治区副主席、广西钦州保税港区建设领导小组副组长陈武率队深入广西钦州保税港区，就加快广西钦州保税港区正式运营等问题进行调研和现场办公。

4月2日，陕西省委书记、省人大常委会主任赵乐际在自治区党委书记、自治区人大常委会主任郭声琨，自治区政协主席马铁山等领导的陪同下，实地考察广西钦州保税港区，提出陕西和广西两省区应进一步加强广泛交流与合作，实现互利共赢。

4月2日，美国路通企业发展有限公司董事长崔勇第三次率队到广西钦州保税港区洽谈落实汽车展示中心等项目，达成初步意向。

5月4日，海关总署正式复函自治区人民政府，准予广西钦州保税港区整车进口口岸正式运行。

5月10日，广西钦州保税港区一期项目策划及控制性详细规划修编中间成果汇报会在钦州召开。

7月20日，广西钦州保税港区管委会召开第一次安全生产监管工作协调会，就进一步做好广西钦州保税港区安全生产监管工作、消除安全隐患、杜绝安全生产事故进行研究。

7月22日，广西钦州保税港区管委会在南宁举行6个入区项目签约仪式。签约的6个项目分别是广西钦州保税港区国际商品交易中心、集装箱拆拼箱库项目、恒湘有色金属物流仓储项目、通运大宗商品物流仓储项目、吉运粮油等农产品物流仓储项目、五星级酒店及商务生活配套区项目，总投资达12.5亿元。

7月26日，由海南省委书记、省人大常委会主任卫留成，省长罗保铭率领的海南省党政考察团，到广西钦州保税港区考察。自治区党委书记、自治区人大常委会主任郭声琨，自治区主席马飚，自治区人大常委会副主任吴恒等领导陪同考察。

7月28日，广西钦州保税港区控制性详细规划修编成果通过评审。

8月5日，广西钦州保税港区管委会把2010年8月定为广西钦州保税港区第一个安全生产月，围绕“安全港区，预防为主”组织开展安全生产监管基础知识培训班并开展第一次施工安全生产专项检查活动。

8月9日，中国共产党广西钦州保税港区工作委员会广西钦州保税港区管理委员会机关委员会正式成立。

8月12日，广西钦州保税港区—越南海防集装箱航线正式开通，这是钦州港首条通往东盟国家的直达航线。

8月22日，总价1.53亿美元的26万吨进口原油开始卸油进入位于广西钦州保税港区内的原油储备库，标志着广西钦州保税港区的第一个入区项目——钦州中石油国际储备库项目投产运营。

10月12日，自治区第十一届人民政府第69次常务会议审议通过《广西钦州保税港区管理办法》。

10月23日，中共中央政治局委员、中央书记处书记、中宣部部长刘云山在

自治区党委书记、自治区人大常委会主任郭声琨陪同下，专程考察作为广西北部湾经济区开放开发的核心平台和强力引擎的广西钦州保税港区。

10 月 27 日， 自治区人民政府以第 56 号政府令颁布实施《广西钦州保税港区管理办法》，自 2010 年 12 月 1 日起施行。

11 月 18 日， 中共广西钦州保税港区工作委员会广西钦州保税港区管理委员会机关委员会第一次党员大会召开。大会以不记名投票的方式进行选举，罗贤新、黄善荣、丁起文、王守军、章太武当选机关党委第一届委员会委员。同日，召开第一届机关党委第一次全委会，广西钦州保税港区工委委员、管委会副主任罗贤新当选机关党委第一届委员会书记，工委、管委会办公室主任黄善荣当选副书记。

11 月 21 日， 青海省委书记、省人大常委会主任强卫率领的青海省代表团到广西钦州保税港区考察，自治区党委副书记陈际瓦陪同。

11 月 30 日， 以俄共中央主席团成员、中央书记、国家杜马议员德·格·诺维科夫为团长的俄罗斯联邦共产党青年干部考察团一行到广西钦州保税港区考察。

12 月 8 日， 自治区政府在广西钦州保税港区召开广西钦州保税港区全面开港运营工作会议，自治区党委常委、自治区副主席陈武出席会议并作重要讲话，强调要抓紧工作，全力攻坚，确保年底前全面开港运营。

12 月 26 日， 自治区党委常委、自治区常务副主席李金早到广西钦州保税港区检查指导工作。

12 月 29 日， 广西钦州保税港区—广西大学共建创新型实践型人才培养教学研究基地成立。

2011 年

2 月 10 日， 广西钦州保税港区口岸扩大对外开放通过国家验收。

2 月 16 日， 广西钦州保税港区全面开港运营。自治区党委书记、自治区人大常委会主任郭声琨为开港题词，自治区主席马飚发去来贺信，自治区党委常委、自治区副主席陈武宣布开港。首批出口货物——百色浩海碳素有限公司 5 辆满载 266.45 吨电极铝钢爪的集装箱卡车，顺利从待检区出发到广西钦州保税港区 1# 泊位装船前往德国汉堡。同日，中华人民共和国钦州保税港区海关举行开关仪式，中华人民共和国钦州保税港区出入境检验检疫局举行开检仪式。

4 月 16 日， 王乃学任广西钦州保税港区工委书记、管委会主任，钦州市委常委（兼）。

4 月 18 日， 自治区主席马飚到广西钦州保税港区考察，要求广西钦州保税港区进一步提高服务水平，更好地发挥功能作用，为推动北部湾经济区跨越发展作出新的更大的贡献。自治区党委常委、自治区副主席陈武等一同考察。

4 月 21 日，中共中央政治局委员、中央政法委副书记、中央综治委副主任王乐泉在自治区党委书记、自治区人大常委会主任郭声琨，自治区主席马飚等领导陪同下，专程考察作为广西北部湾经济区开放开发核心平台和强力引擎的钦州保税港区。

4 月 28 日，广西钦州保税港区开港运营后进口的第一批红酒从 1# 泊位上岸，装载 1500 多箱澳大利亚进口葡萄酒的集装箱顺利办理报检报关手续，随后将分销至广西区内市场。

5 月 6 日，广西钦州保税港区召开工委管委会机关工会委员会第一届会员大会。

6 月 3 日，全国政协副主席厉无畏率全国政协委员“少数民族地区经济社会发展的重大成就”考察团到广西钦州保税港区考察指导工作。

6 月 27 日，广西钦州保税港区整车进口口岸设施通过预验收，标志着全国第五个沿海整车进口口岸——广西钦州保税港区整车进口口岸已具备开展汽车进出口业务条件，即将正式运营。

6 月 28 日，中国工商银行钦州保税港支行在广西钦州保税港区举行开业仪式。

7 月 11 日，自治区主席马飚率全区年中工作会议代表到广西钦州保税港区考察。

9 月 6 日，中华人民共和国钦州保税港区海事处挂牌成立。

9 月 9 日，广西钦州保税港区 3# ~ 8# 6 个 10 万吨级的多用途泊位水工工程顺利通过验收。

9 月 15 日，广西钦州保税港区召开工委管委会机关第一次妇女大会。同日，召开机关第一次团员大会。

10 月 23 日，广西钦州保税港区管理委员会与柳州市人民政府在第八届中国东盟博览会期间签署汽车产业合作框架协议。

11 月 1 日，广西钦州保税港区整车进口口岸通过国家验收、正式对外开放。

12 月 1 日，2011 年跨国公司八桂行暨世界 500 强企业广西投资考察团到广西钦州保税港区考察。

2012 年

2 月 2 日，中共中央政治局委员、全国人大常委会副委员长、中华全国总工会主席王兆国在全国人大常委会副秘书长、机关党组书记王万宾，全国总工会副主席、书记处第一书记王玉普陪同下，专程考察广西钦州保税港区。

4 月 1 日，中央政治局常委、国务院总理温家宝到广西钦州保税港区视察工作，自治区党委书记、自治区人大常委会主任郭声琨，自治区主席马飚等陪同视察。

4 月 12 日，广西钦州保税港区首批进口汽车顺利到岸通关，标志着广西钦州保税港区整车进口口岸正式运营。

4 月 13 日，在自治区党委书记、自治区人大常委会主任郭声琨，自治区主席马飚的陪同下，湖南省委书记、省人大常委会主任周强，湖南省省长徐守盛率湖南省党政代表团到广西钦州保税港区考察。

4 月 19 日，在自治区党委书记、自治区人大常委会主任郭声琨，自治区主席马飚的陪同下，四川省委书记、省人大常委会主任刘奇葆，四川省省长蒋巨峰率四川省党政代表团到广西钦州保税港区考察指导。

5 月 9 日，由钦州市人民政府、广西钦州保税港区管理委员会和中国海运集团主办的“新钦州”轮首航仪式在广西钦州保税港区 2# 泊位隆重举行。

5 月 15 日，广西钦州保税港区第一批从新西兰进口的奶粉顺利实现通关，这是广西钦州保税港区继红酒之后又一高端食品进口业务。

7 月 4 日，一艘装载 11 万吨澳大利亚锰矿、铬矿的希腊籍“海洋天使号”货轮靠泊广西钦州保税港区，这是广西钦州保税港区自开港运营以来靠泊吨位最大的船舶，该货轮船长 250 米，宽 43 米，吃水深度 15 米，可载重达 11.4 万吨。

7 月 15 日，全国政协副主席白立忱一行到广西钦州保税港区考察指导。

9 月 13 日，广西钦州保税港区工商行政管理局挂牌成立。

9 月 22—25 日，在第九届中国—东盟博览会召开期间，广西钦州保税港区国际酒类交易中心正式进入试营业阶段。

10 月 11 日，商务部副部长蒋耀平一行到广西钦州保税港区考察建设发展运营情况。

11 月 8 日，广西钦州保税港区地方税务局挂牌成立。

2013 年

1 月 8 日，全国政协副主席黄孟复到广西钦州保税港区调研。

1 月 12 日，自治区党委书记、自治区人大常委会主任彭清华到广西钦州保税港区考察指导工作。自治区副主席蓝天立等领导陪同。

1 月 26 日，国家工商总局党组书记、局长周伯华一行到广西钦州保税港区调研。

1 月 30 日，国家质检总局正式批准广西钦州保税港区筹建“全国进口酒类综合服务产业知名品牌创建示范区”。这是广西首个获准筹建的国家级知名品牌示范区。

1 月 31 日，广西钦州保税港区工委管委会召开干部大会，宣布自治区党委、政府关于广西钦州保税港区主要领导职务调整的决定：曹坤华任广西钦州保税港区工委书记、管理委员会主任，中共钦州市委委员、常委（兼），免去其自治区商务厅党组副书记、副厅长职务。王乃学调任自治区商务厅党组书记、厅长，免去其广西钦州保税港区工委书记、管理委员会主任、中共钦州市委委员、常委（兼）职务。

2 月 19 日，广西钦州保税港区至新加坡港国际直航集装箱班轮试航成功。

2 月 28 日，广西钦州保税港区开通至泰国直航航线。

3 月 26 日，国家发改委副主任徐宪平率调研组到广西钦州保税港区调研，自治区党委常委、自治区副主席林念修陪同调研。

4 月 20 日，广西钦州保税港区至台湾高雄港集装箱航线首航仪式在广西钦州保税港区国际集装箱码头 2# 泊位隆重举行。

4 月 25 日，自治区主席陈武到广西钦州保税港区考察，听取保税港区规划建设、招商运营等情况的汇报，并对保税港区建设运营发展所取得的成绩给予充分肯定。

5 月 5 日，住房城乡建设部副部长齐骥一行在自治区副主席蓝天立陪同下到广西钦州保税港区考察。

7 月 8 日，中共中央政治局常委、国务院总理李克强在自治区党委书记、自治区人常委会主任彭清华，自治区主席陈武陪同下到广西钦州保税港区考察调研，提出打造千万标箱大港的目标。

7 月 9 日，广西钦州保税港区工委管委会召开党的群众路线教育实践活动工作会议，贯彻落实中共中央、自治区党委关于深入开展党的群众路线教育实践活动的会议精神，全面动员部署广西钦州保税港区开展群众路线教育实践活动。

8 月 19 日，中共中央政治局委员、广东省委书记胡春华，广东省省长朱小丹率广东省党政代表团，在自治区党委书记、自治区人大常委会主任彭清华的陪同下，到广西钦州保税港区考察。

9 月 2 日，广西钦州保税港区举行“迎中国—东盟博览会葡萄酒文化体验周”活动。

10 月 31 日，广西钦州保税港区二、三期路网（二号路及巡逻道）工程通过专家组验收。

11 月 4 日，以全国政协副主席齐续春为团长的全国政协委员考察团到广西钦州保税港区调研。

11 月 5 日，广西钦州保税港区管理委员会与成都市青白江区人民政府签署战略合作框架协议。

11 月 28 日，香港特别行政区行政长官梁振英率香港经贸代表团考察广西钦州保税港区。

12 月 5 日，全国政协副主席何厚铧率澳门工商界代表团到广西钦州保税区考察。

12 月 21 日，全国政协副主席、全国工商联主席王钦敏一行到广西钦州保税

港区考察。

12 月，我国第五个整车进口口岸重要配套项目——广西钦州保税港区进口汽车展厅项目竣工。

2014 年

1 月 13 日，广西钦州保税港区国际汽车城隆重开业，意味着广西钦州保税港区彻底告别了作为整车进口链条上简单物流节点的角色，开启了打造西南汽车进出口交易基地的现实之路。

1 月 23 日，马来西亚总理对华特使黄家定率马来西亚丹斯里赛益穆达、拿督维拉伊斯莫等知名企业家到广西钦州保税港区考察。

2 月 18 日，广西钦州保税港区 3–5# 码头对外开放顺利通过验收。

3 月 10 日，集装箱船“天安河”轮安全靠泊广西钦州保税港区 1# 泊位，成为到目前为止靠泊钦州港船身最长的船舶。“天安河”轮总长 294.00 米，船宽 32.20 米，型深 21.80 米，最大吃水 13.50 米，箱位 5100TEU。

3 月 23 日，由贵州省省长陈敏尔率领贵州省党政代表团在自治区党委副书记、自治区主席陈武陪同下到广西钦州保税港区考察。

4 月 25 日，自治区党委常委、组织部部长周新建到到广西钦州保税港区考察。

5 月 8 日，国家海洋局副局长王飞一行到广西钦州保税港区调研。

5 月 15 日，中国检验检疫学会第一届常务理事会议在北京会议中心召开，广西钦州保税港区工管委会主任曹坤华增补为个人常务理事。

5 月 23 日，自治区党委常委、自治区纪委书记邓卫平一行到广西钦州保税港区调研。

6 月 13 日，广西钦州保税港区进口酒类溯源系统正式上线运行。

6 月 17 日，湖北省委常委、常务副省长王晓东，副省长许克振率湖北省考察团到广西钦州保税港区调研。

7 月 11 日，自治区政协在南宁召开深化广西北部湾经济区综合配套改革专题协商会，自治区党委书记、自治区人大常委会主任彭清华对广西钦州保税港区体制机制改革作出重要指示，自治区政协主席陈际瓦主持会议。

8 月 28 日，广西钦州保税港区实现整体封关运营，正式进入全面运营阶段。

8 月 28 日，受海关总署等国家 11 部委委托，南宁海关牵头组织自治区相关部门组成联合验收组，对广西钦州保税港区二、三期基础及监管设施进行现场核验，同意通过正式验收，标志着广西钦州保税港区完成整体封关验收，进入全面运营阶段。

9 月 20 日，广西钦州保税港区管委会荣获第十五批自治区文明单位称号。

10 月 9 日，广西钦州保税港区获批成为国家质检总局第一批进境粮食指定口岸，是广西获批的三个 A 类口岸之一。

10 月 24 日，自治区党委、自治区人民政府印发《广西钦州保税港区管理体制改革方案》。

10 月 28 日，广西钦州保税港区开通首条国际集装箱班轮航线：钦州港—韩国—印尼—泰国—越南。

12 月 23 日，广西钦州保税港区管委会与广西邮政公司签署《广西钦州保税港区管委会与广西邮政公司推进跨境电子商务战略合作框架协议》，开展跨境电商合作。

2015 年

2 月 4 日，"中海集运钦州港至胡志明直航集装箱班轮首航仪式"在广西钦州保税港区国际集装箱码头 2# 泊位举行，标志着广西钦州保税港区至盐田—蛇口—胡志明—洋浦集装箱直航航线正式开通。

2 月 6 日，自治区党委常委、自治区副主席黄道伟到广西钦州保税港区考察。

2 月 8 日，中国钦州—马来西亚关丹港集装箱国际班轮航线从广西钦州保税港区首航。

2 月 28 日，广西钦州保税港区工委管委会召开干部大会，宣布自治区党委、政府关于广西钦州保税港区主要领导职务调整的决定：唐琮沅任广西钦州保税港区工委书记、管理委员会主任（兼），王雄昌任广西钦州保税港区工委副书记、管委会常务副主任，中共钦州市委委员、常委（兼），免去其北部湾（广西）经济区规划建设管理委员会办公室副主任职务。曹坤华调任广西工业和信息化委员会副主任（正厅长级）、党组副书记，免去其广西钦州保税港区工委书记、管委会主任、中共钦州市委委员、常委（兼）职务。

3 月 30 日，广西钦州保税港区首个电商项目"钦州保税港区商务在线"跨易通电子商务平台正式启动。

4 月 17 日，广西钦州保税港区进口肉类指定口岸通过国家质检总局验收组验收。

4 月 28 日，香港中联办副主任仇鸿一行到广西钦州保税港区调研，希望双方加强交流与合作，促进两地经济共同发展。

5 月 1 日，沿海铁路公司的第一列火车开进了广西钦州保税港区，标志着钦州港火车东站从今日起投入使用，实现全面开通运营，结束了广西钦州保税港区不

通火车的历史，开辟了广西钦州保税港区铁路运输的新时代。

5 月 12 日，一台意大利阿古斯维斯特兰公司生产的 AW139 中型双发直升机飞抵广西钦州保税港区，由此启动了广西钦州保税港区通用航空产业项目，标志着通用航空产业将落户广西北部湾。

5 月 15 日，自治区党委常委、自治区常务副主席唐仁健一行到广西钦州保税港区调研。

6 月 24 日，广西钦州保税港区与阿里巴巴聚划算在北京签署战略合作协议，双方在跨境营销方面开展全面合作达成了共识。

7 月 10 日，以全国政协教科文卫体委员会副主任、新恒基国际集团董事局主席高敬德为团长的香港企业家赴广西钦州保税港区考察，双方就整车进口业务开展进行深入交流并达成合作共识。

7 月 24 日，自治区副主席张晓钦一行到广西钦州保税港区调研。

8 月 6 日，广西钦州保税港区国际商品直销中心举行新入驻项目集中签约仪式。签约项目共有 10 个，涉及直销超市、国别（地区）馆、特色精品馆等多种经营模式，经营来自东盟、欧盟、日韩、非洲及世界其他国家和地区的优质产品。

9 月 2 日，广西钦州保税港区颁发首张“三证合一、一照一码”营业执照，标着广西钦州保税港区首个按照统一社会信用代码赋予的纳税人识别号、法人组织机构代码同时诞生。

9 月 10 日，自治区党委常委、自治区纪委书记于春生一行到广西钦州保税港区考察。

9 月 17 日，马来西亚国际贸易与工业部第二部长拿督斯里・黄家泉一行到广西钦州保税港区考察。

9 月 26 日，广西钦州保税港区国际商品直销中心隆重开业。进驻国际品牌项目 31 个，涵盖东盟、欧美、日韩、澳新、非洲及世界其他国家（地区）数千种进口商品。直销中心具有“线上线下”同步交易功能。

10 月 20 日，钦州市全面推进保税港区对外开放工作会议在广西钦州保税港区召开。

11 月 2 日，自治区政协主席陈际瓦带队到广西钦州保税港区，就加强广西与东盟金融创新的跨境合作开展调研。

11 月 10 日，自治区党委第五巡视组召开广西钦州保税港区管委会巡视工作动员会，开展为期三个月的专项巡视。

12 月 4 日，广西钦州保税港区管理委员会在深圳举办“博时汽车供应链产业基金新闻发布会暨全国平行进口汽车论坛”，正式成立广西钦州保税港区博时汽车供应链产业基金。

12 月 5 日，国家工商总局副局长刘玉亭一行考察广西钦州保税港区，自治区副主席张晓钦陪同考察。

12 月 25 日，广西壮族自治区示范物流园区授牌大会在广西钦州保税港区举行。经过认定评审，广西钦州保税港区、南宁市国际综合物流园等 10 家园区被认定为广西第一批示范物流园区。

12 月 31 日，广西钦州保税港区 2016 年进口汽车大会（第一季）隆重举行。此次大会主要有丰田、路虎、福特、奔驰、大众、沃尔沃、保时捷、铃木、宝马、特斯拉、林肯、星客特等 12 个品牌共 27 款进口汽车参展，还组织了上海大众、上海通用别克、一汽丰田、华晨宝马、一汽大众 5 个品牌共 14 款热销合资车型参展。

2016 年

1 月 6 日，自治区党委书记、自治区人大常委会主任彭清华到广西钦州保税港区调研。

1 月 26 日，广西国际贸易“单一窗口”一期应用系统培训会在广西钦州保税港区举办，标志着广西“单一窗口”一期在广西钦州保税港区正式上线。

1 月 27 日，自治区党委第五巡视组向广西钦州保税港区工委管委会主要领导反馈了巡视情况。

1 月 28 日，广西钦州保税港区管委会召开机关党员大会，选举产生新一届机关党委领导班子。

2 月 1 日，随着“立募”轮出口岸许可证办结，标志着广西首单国际贸易单一窗口查验业务办理完成。

2 月 17 日，自治区主席陈武到广西钦州保税港区调研。

3 月 6 日，“北部湾港—缅甸—马来西亚”集装箱航线在广西钦州保税港区首航，标志着北部湾港至东盟区域集装箱航线布局进一步完善，为经北部湾进出口的集装箱搭建了一条更为快捷、经济的海上物流通道。

3 月 23 日，云南省委书记、省人大常委会主任李纪恒，省长陈豪率云南省党政代表团，在自治区党委书记、自治区人大常委会主任彭清华，自治区政协主席陈际瓦的陪同下到广西钦州保税港区参观考察。

3 月 31 日，国务院参事、国家质检总局原副局长葛志荣率国务院参事专题调研组到广西钦州保税港区调研。

5 月 11 日，广西钦州保税港区工管委机关妇女委员会（以下简称机关妇委会）第二次妇女大会，选举产生机关妇委会第二届委员会委员。

5 月 12 日，海峡两岸关系协会会长陈德铭率全国台企联台商考察团到广西钦州保税港区考察。

5 月 25 日，第十届全国人大常委会副委员长、中国东盟协会会长、中国关心下一代工作委员会主任顾秀莲及来自中央国家机关有关部委和中央企业的嘉宾一行到广西广西钦州保税港区考察。

5 月 27 日，中国—东盟港口物流信息中心启动仪式在广西钦州保税港区举行。

6 月 1 日，中央纪委驻住房城乡建设部纪检组组长石生龙率中央及中南地区部分省（区）住建系统纪检机构成员到广西钦州保税港区调研。

6 月 15 日，装载 25.29 吨乌拉圭冷冻牛肉，从乌拉圭蒙得维的亚口岸启运，抵达广西钦州保税港区口岸，标志着广西钦州保税港区进口肉类指定口岸正式开通运营。

6 月 27 日，广西钦保投资有限责任公司与盛世百利（天津）汽车销售服务有限公司在广西钦州保税港区举行克莱斯勒 jeepj8 中规汽车合作进口签约仪式，双方将共同出资成立广西钦保盛世供应链管理有限公司。

6 月 29 日，马来西亚巴生港自贸区主席拿督陈章成一行到广西钦州保税港区考察。

7 月 10 日，广西钦州保税港区新龙物流有限公司与泰国康密泰国际物流有限公司在康密泰国际物流有限公司泰国总部（曼谷）举行签约仪式。双方就泰国水果、大米采购及物流配送等业务达成合作协议。

7 月 13 日，浙江省政协副主席汤黎路一行到广西钦州保税港区考察。

7 月 15 日，广西钦州保税港区冷链企业完成首批保税冷链商品出库申报手续，这是广西钦州保税港区获得进口肉类指定口岸资格后的首次进口肉类内销，标志着保税港区保税冷链业务进入常态化运营。

7 月 28 日，自治区党委副书记李克率全区城市工作会议暨年中工作会议第三组代表到广西钦州保税港区考察。

7 月 28 日，广西钦州保税港区举行直升机起降点启用暨引航服务飞行演示仪式，标志着广西钦州保税港区开启了通用航空产业发展新篇章。

8 月 15 日，泰国国家港口管理委员会主席阿披瓦・希瓦塔纳、林查班港务局局长蒙迪・乐赞年、泰国南荣码头股份有限公司总裁黄喜源一行到广西钦州保税港区考察，就中泰水果快线合作项目事宜举行座谈。

9 月 2 日，钦州市委书记肖莺子宣读钦州市市长黄海昆兼任广西钦州保税港区工委书记、管委会主任的任职文件，并作讲话，同时钦州市市长黄海昆作发言讲话。

9 月 12 日，自治区党委书记、自治区人大常委会主任彭清华在自治区副主席张晓钦的陪同下，到 3 号馆广西钦州保税港区国际合作与进口商品展区参观指导。

9 月 23 日，广西钦州保税港区与青岛前湾保税港区正式签署战略合作框架协议，全面落实国家“一带一路”战略，共建“一带一路自贸驿站”。

9 月 30 日，广西钦州保税港区颁发了首张“六证合一、一照一码”营业执照，标志着广西钦州保税港区“六证合一、一照一码”登记制度改革正式全面启动。

9 月 30 日，钦州保税港区海关进出口报关单突破 1 万份。

10 月 24 日，自治区政协主席陈际瓦率特邀常委视察团到广西钦州保税港区调研。

11 月 4 日，自治区党委常委、统战部部长李康率调研组到广西钦州保税港区，就进一步总结各级党委开展统战工作的先进经验，推进中央、自治区党委关于统一战线一系列重大决策部署落到实处进行调研。

11 月 24 日，广西钦州保税港区进境水果指定口岸正式通过考核验收，这是广西钦州保税港区继整车进口口岸、进境粮食指定口岸、进口肉类指定口岸之后，又一获批的指定口岸资质。

12 月 1 日，自治区副主席张晓钦到广西钦州保税港区调研，听取有关情况汇报，现场协调解决园区发展中遇到的困难和问题。并对广西钦州保税港区建设成为面向东盟国际大通道的关键通道、面向西南中南地区开放发展新战略支点的核心支点、“一带一路”有机衔接重要门户的一线门户提出的新的要求。

12 月 1 日，广西首个跨境电商进口零售平台海购 365 正式上线运行。

2017 年

1 月 1 日，广西钦州保税港区成功举办 2017 广西钦州保税港第二届进口葡萄酒评比大赛。

1 月 4 日，广西钦州保税港区分别与广西光耀供应链管理有限公司、深圳市道尔轮胎科技有限公司签署平行进口汽车和特种轮胎加工贸易项目合作框架协议。3000 台 / 年进口汽车项目和计划总投资 45 亿元的开式结构不爆轮胎项目正式落户广西钦州保税港区。

3 月 25 日，广西壮族“三月三”电商节钦州分会场暨“蚂蚁洋货 · 海购 365”国际电商节在广西钦州保税港区国际商品直销中心举行，现场展售进口名酒、箱包礼品等近 2000 多款国际知名品牌商品和极具钦州特色商品。

3 月 28 日，广西北部湾经济区产业推介活动——广西钦州保税港区棉纺产业园推介会在河南郑州成功召开。

3 月 26 日，中共中央政治局委员、中央书记处书记、中央政法委书记、公安部部长郭声琨到广西钦州保税港区视察。自治区党委书记、自治区人大常委会主任彭清华等陪同考察。

4 月 19 日，广西钦州保税港区举行中国—东盟中小企业贸易促进平台首批泰国直采商品到港开柜仪式，丰富了市场，倍受市民关注。

4 月 28 日，满载 40 个集装箱的货运班列从钦州港火车东站至重庆试运行，标志着“渝桂新”南向通道试运行班列正式开通。

5 月 2 日，国家质检总局同意广西钦州保税港区开展进境水果试进口业务，这是继广西钦州保税港区启动进口肉类业务以来，在冷链物流业务方面取得的又一重大突破。

5 月 15 日，东风柳汽首批乘用车（菱智 V3、景逸 SX6、景逸 A5），由广西钦州保税港区口岸海运至辽宁营口港，标志着广西钦州保税港区构建的“南车北运”海上新通道正式启动。

6 月 6 日，“海丰海防”号成功靠泊广西钦州保税港区 4# 泊位，标志新海丰航运（SITC）开通北部湾港首条泰越印尼集装箱班轮直航航线。

6 月 29 日，广西钦州保税港区入选广西第一批 CEPA 先行先试示范基地。

6 月 30 日，中国低空快线投资有限公司从美国进口的两架 PiperPA28 固定翼初级教练机抵达广西钦州保税港区，开启了广西钦州保税港区首单通用航空器进口交付业务。

7 月 18 日，广西钦州保税港区迎来了首批进口水果，标志着广西钦州保税港区进境水果指定口岸正式启动运营。

7 月 25 日，第十二届全国人大常委会财经主任委员李盛霖带队到广西钦州保税港区调研。

7 月 27 日，中国—东盟中小企业贸易促进平台（CAS-TPP) 首批马来西亚直采商品抵达广西钦州保税港区。商品主要有马来西亚咖啡、威化饼干、运动饮料、果冻果汁等食品。

8 月 6 日，重庆市副市长刘桂平率中新互联互通南向国际贸易物流通道重庆市代表团到广西钦州保税港区调研，自治区副主席张晓钦陪同调研。

9 月 12—15 日，广西钦州保税港区以“一带一路、海陆枢纽、CASTPP（中国—东盟中小企业贸易促进平台）、新能源、智慧管理示范平台”为主题，参加了第 14 届中国—东盟博览会。自治区党委书记、自治区人大常委会主任彭清华，自治区主席陈武，自治区副主席张晓钦等领导巡馆。

9 月 22 日，中国工程常院常务副院长，全国政协外事委员会主任潘云鹤率考察组到广西钦州保税港区考察。

9 月 28 日，中新互联互通南向通道海铁联运常态化班列（北部湾港—重庆）首发仪式在钦州港火车东站举行，自治区党委书记、自治区人大常委会主任彭清华、自治区主席陈武等领导参加仪式。

10 月 10 日，自治区党委常委、自治区纪委书记房灵敏到广西钦州保税港区调研。

10 月 26 日，广西钦州保税港区为出口至印度尼西亚的重过磷酸钙签发了首份《中国—东盟自由贸易区原产地证书》（FORME 证书），实现广西钦州保税港区优惠原产地证书“零”的突破。

11 月 1 日，广西北港物流有限公司联合香港永丰、南洋船务公司开通了“北部湾港—香港”天天班，并开通运营“钦州—香港”直航航线和钦州港经停香港的航线。标志着广西钦州保税港区推进国际陆海贸易新通道核心港区建设迈出实质性步伐。

11 月 2 日，广西钦州保税港区迎来开港以来最大的进港集装箱外轮——利比里亚籍大型集装箱轮“阿联酋萨娜”（船长 304 米，宽 40 米，吃水 13.9 米）。

11 月 9 日，“北部湾港—印度 / 中东”远洋航线首航暨“北部湾港—新加坡”天天班公共航线启动仪式在广西钦州保税港区 4# 泊位举行，标志南向通道有效延伸，中国西南内陆到全世界的通道被打通。自治区副主席张晓钦出席并宣布航线正式启动。

11 月 26 日，国务院下发《关于同意广西钦州保税港区核减规划面积的复函》（国办函〔2017〕127 号），同意广西钦州保税港区规划面积由 10 平方公里核减为 8.81 平方公里。

12 月 29 日，国家质检总局同意命名广西钦州保税港区为“全国进口酒类综合服务产业知名品牌创建示范区”，标志着广西钦州保税港区成为全国唯一的进口酒类知名品牌示范区，也是广西首个获质检总局同意命名的全国知名品牌示范区。

2018 年

1 月 1 日，广西钦州保税港区成功举办 2018 广西钦州保税港区第三届进口葡萄酒评比大赛。

1 月 17 日，由广西钦州港火车东站驶出前往波兰马拉舍维奇的首趟中欧班列，是继“渝桂新”“陇桂新”“蓉欧 +”东盟国际海铁联运班列贯通后取得的又一项新成果、新突破。

1 月 18 日，广西消费者权益保护委员会广西钦州保税港区分会第一届委员会一次全会在广西钦州保税港区顺利召开。选举产生了第一届委员会组成机构，通过了《广西壮族自治区消费者权益保护委员会广西钦州保税港区分会组织管理办法》，审议了广西消委会广西钦州保税港区分会 2017 年度工作报告。

2 月 5 日，广西钦州保税港区口岸金属矿产品（锰矿、铬矿、铅矿及其精矿、锌矿及其精矿、铜矿及其精矿）进口货值首次突破两亿美元，再创历史新高。

2 月 6 日，全国政协常委、十一届青海省政协副主席马志伟一行到广西钦州保税港区考察。

2 月 7 日，广西钦州保税港区检验检疫局受理报检一批来自丹麦的全脂乳粉，共计 19.92 吨，24 万欧元，这是广西钦州保税港区口岸首次进口该类乳制品。

3 月 6 日，自治区副主席黄伟京率队到广西钦州保税港区调研中新互联互通南向通道重点项目及国家级平台开放建设情况，强调要以加快南向通道建设为重要抓手，促进北部湾经济区升级发展，加快落实中央赋予广西“三大定位”新使命。

3 月 20 日，自治区副主席费志荣一行到广西钦州保税港区调研。

4 月 8 日，广西钦州保税港区 6# 泊位对外开放通过验收，为广西钦州保税港区外向型经济发展又添助力。

4 月 9 日，自治区党委书记、自治区人大常委会主任鹿心社到广西钦州保税港区调研。自治区党委常委、秘书长王可，自治区副主席黄伟京等领导陪同调研。

5 月 2 日，自治区党委副书记孙大伟到广西钦州保税港区调研，并听取有关情况汇报。

附录

FU LU

桂政阅〔2007〕58号

广西壮族自治区人民政府关于推进钦州保税港区基础设施建设有关问题的会议纪要

（二〇〇七年八月一日）

2007年7月10日上午，自治区副主席陈武在南宁主持召开会议，研究推进钦州保税港区规划和基础设施建设有关问题。自治区人民政府副秘书长王德伦，自治区发展改革委、国土资源厅、交通厅、北部湾办、南宁海关、广西北部湾开发投资有限责任公司、广西北部湾国际港务集团有限公司、广西沿海铁路股份有限公司，以及钦州市人民政府及有关单位的负责同志参加了会议。会议听取了钦州市人民政府关于钦州保税港区基础设施建设情况的汇报和广西北部湾国际港务集团有限公司（以下简称北部湾港务集团公司）关于港口码头建设情况的汇报，并就有关问题进行讨论研究，对下一步工作进行了部署。

会议认为，力争在钦州设立保税港区，是争取把广西北部湾经济区开放开发纳入国家战略的重要措施。当前的主要工作是完善规划，加快进度，在原来工业区的基础上把大榄坪保税港区的基础设施建设好。会议确定了当前主要抓的几项工作。现纪要如下：

一、加强领导，启动规划

成立规划工作小组，由钦州市市长汤世保任组长，自治区北部湾办常务副主任陈瑞贤任副组长；南宁海关、北部湾港务集团公司及相关单位各1位责任人作为成员。规划工作小组要围绕规划组织外出考察，重点考察保税港区的布局和开发建设管理体制。选择国内有实力、有经验的设计院规划设计，在原港口规划基础上围绕保税港区进行规划，用最短的时间形成专项规划。自治区人民政府副秘书长王德伦负责协调自治区有关部门开展此项工作。

二、加快推进重大工程

（一）钦州港大榄坪保税港区内吹填区工程。一期吹填区范围约3平方千米，按设计标高进行吹填，吹填量约为1100万立方米。要确保2007年底前基本完成吹填工程。

（二）钦州港大榄坪工业区2号路工程。大榄坪2号路的工程进度目标不能变，2007年10月前必须完成全长5000米、砂面20米、砂底40米、填土1.5米厚9米宽的简易路通车。钦州市全力以赴先抓紧建设，所增加的投资以后统一报自治区人民政府。

（三）钦州港至大榄坪铁路工程。该项目全长约13公里，总投资估算1．9亿元，主要建设地方I级铁路，设计运输能力1000万吨/年以上。自治区北部湾办要与自治区发展改革委研究，待项目完备相关手续后，将项目列为沿海基础设施建设大会战二期项目，自治区发展改革委要尽快审批。广西沿海铁路股份有限公司要提前做好所有准备工作，必须在2007年底前开工。同时开展该项目由松柏站延伸到保税港区码头作业区延长线的前期工作。由王德伦副秘书长统筹协调做好沿海铁路扩能改造的总体规划。

(四)钦州港大榄坪1#、2#泊位工程。项目建设规模为两个5万吨级散杂货通用泊位(码头水工按10万吨级设计)，每个长度为295米，总设计年吞吐能力196万吨，计划总投资约5.6950亿元。由于项目选址在规划建设的保税港区范围内，现正在进行设计变更，变更为集装箱泊位。北部湾港务集团公司已开始了码头工程建设，要按计划抓紧推进建设。

(五)钦州港大榄坪水厂及管网工程。项目总规模为10万吨/日，其中一期规模为5万吨/日及管网配套。项目估算总投资1.5亿元。请钦州市人民政府进一步论证，若要新建大榄坪水厂及管网工程，要加快前期工作，尽可能使用市场化建设方式。

(六)10万吨级进港航道扩建工程。项目设计总长30．7千米，航道设计底标高为–13米，设计水深16.66米，按乘潮水位3.66米，乘潮历时36小时的保证率为80%，总投资估算为9.7960亿元。该项目要尽快全线交工，不能再拖延。

三、加大力度，密切配合

(一)作为目前钦州港大榄坪基础设施建设重大项目的业主单位，北部湾港务集团公司、北部湾投资公司、钦州市投资公司等要集中力量，加大力度，全力以赴把港口码头建设好。北部湾投资公司要与其他大公司加强合作，集中力量，加快推进，承担起保税港区基础设施工程的建设任务。

(二)钦州市人民政府要统一思想、统一认识，加强领导，科学组织，做好自己的工作；对参与工程建设的各公司，要给予大力支持，要有补偿机制。自治区各有关部门也要给予大力支持和配合。

(三)由自治区北部湾办牵头，南宁海关等有关单位参与，立即草拟向国务院请示在广西北部湾沿海设立保税港区的文件。

出席人员：自治区发展改革委蒙启鹏，自治区国土资源厅张勤铭，自治区交通厅姜继红，自治区北部湾办陈瑞贤、杨忠宝，南宁海关高福源、宿建广，广西北部湾开发投资有限责任公司周文，广西北部湾国际港务集团有限公司叶时湘、何国林、张海，广西沿海铁路股份有限公司钱卫平、罗伟，钦州市黄洲、李绍兰、彭伟信、沈少红、罗明。

海关总署关于广西钦州保税港区规划建设有关事宜的函

署加函〔2008〕244号

广西壮族自治区人民政府：

2008年5月29日，国务院批准设立广西钦州保税港区（详见国函〔2008〕48号），为了认真落实国务院批复精神，切实按要求规划建设好、发展好保税港区，现就有关事项函告如下：

一、请你区根据党的十七大关于“加快转变外贸增长方式，立足以质取胜，调整进出口结构，促进加工贸易转型升级，大力发展服务贸易”的战略部署，按照国务院批复要求和《国务院2008年工作要点》提出的“积极稳妥推进海关特殊监管区域建设”精神，抓紧做好广西钦州保税港区的规划、建设和招商引资工作。

二、广西钦州保税港区应严格按照国务院批准的四至范围和面积进行规划建设，不得另辟土地或扩大面积，且必须办妥土地利用审批手续后方可施工。在主管部门和投资建设单位会同南宁海关确定具体规划方案后，按照《海关总署关于印发〈海关特殊监管区域基础和监管设施验收标准〉的通知》（署加发〔2007〕143号）有关规定进行建设。

三、保税港区建设工作完毕后，应严格按照我署关于保税港区验收程序的有关规定，做好预验收工作。具体内容包括：

（一）广西钦州保税港区管理机构（管委会）分别向所在地市级人民政府和南宁海关提出预验收书面申请；

（二）南宁海关组成预验收小组，依据《海关特殊监管区域基础和监管设施验收标准》逐项进行预验收，预验收小组写出验收评估意见，预验收小组组长在验收报告上签署预验收结论和评审意见；

（三）预验收合格后，南宁海关将与所在地市级人民政府联合签署《预验收纪要》，内容包括保税港区基础和监管设施建设情况等；

（四）由南宁海关向我署行文申请正式验收。请求内容包括对保税港区基础和监管设施的预验收评估，以及对机构设置、正式验收时间的意见和建议等，并随附《预验收纪要》；

（五）所在地市级人民政府致函我署申请正式验收。

四、保税港区的验收工作将按照“成熟一个，验收一个，启动一个”的原则进行。请你区通知广西钦州保税港区管委会严格按照国务院批复的要求和上述意见做好各项准备，待条件基本具备后，我署将会同有关部门组成联合验收小组进行验收。验收合格后，联合验收小组将与地方政府联合签署《验收纪要》，向通过验收的保税港区管委会颁发《保税港区验收合格证书》。验收工作结束后，我署将对南宁海关申请验收的请示进行批复，海关按照《中华人民共和国海关保税港区管理暂行办法》（海关总署令第164号）对保税港区实施监管。

五、在招商引资方面，请你区通知广西钦州保税港区管委会结合当前国际产业转移的新动态以及本地资源特点，选好一批符合国际产业转移规律和国家保税政策的、体现本地资源优势，又能与周边地区形成错位发展的优质投资项目，做好入区准备工作，争取保税港区封关验收后，项目早入港区，早见成效。

中华人民共和国海关总署
二〇〇八年六月十三日

广西壮族自治区人民政府办公厅转发自治区北部湾办关于广西钦州保税港区开发建设工作方案的通知

桂政办发〔2008〕92号

钦州市人民政府，自治区编办，自治区发展改革委、财政厅、交通厅、国土资源厅、建设厅、商务厅、北部湾办、工商局、招商局，南宁海关，自治区国税局，广西出入境检验检疫局，国家外汇管理局广西分局，广西北部湾开发投资有限责任公司，广西北部湾国际港务集团有限公司：

《关于广西钦州保税港区开发建设工作方案》已经自治区人民政府同意，现转发给你们，请认真贯彻执行。

广西壮族自治区人民政府办公厅

二〇〇八年七月九日

关于广西钦州保税港区开发建设工作方案

（自治区北部湾办二〇〇八年六月二十五日）

根据《国务院关于同意设立广西钦州保税港区的批复》（国函〔2008〕48号），《海关总署关于广西钦州保税港区规划建设有关事宜的函》（署加函〔2008〕244号，下同）的精神，为举全区之力，高起点、高标准、高质量地建设好广西钦州保税港区（以下简称“保税港区”），促进广西开放开发，制定本工作方案。

一、规划建设目标

（一）总体规划目标。

按照国务院批准的10平方公里进行规划建设，分三期建设，其中一期面积2.5平方公里，二期面积4.2平方公里，三期面积3.3平方公里。

（二）一期建设目标。

一期工程2.5平方公里，其中码头作业区0.71平方公里，保税物流区1.014平方公里，出口加工区0.49

平方公里，综合服务区 0.286 平方公里。

一期工程 2009 年 12 月底前实现封关运作；同时尽力推进一期工程之外余下海域一次吹填完成。

（三）一期封关运作的主要建设项目。

围绕一期封关运作目标，需要建设包括海域吹填等 9 个项目，投资 313370 万元，其中经营性项目投资 233452 万元；非经营性项目 79918 万元。

同时需要建设保税港区外配套项目 6 个、投资 193905 万元。在保税港区外配套项目中，10 万吨级航道、大榄坪二号路、钦州港至保税港区铁路等 3 个已经基本落实建设资金，并正在实施之中；钦州港水厂至保税港区自来水管网、大榄坪污水处理厂、金鼓江航道等 3 个项目 40000 万元建设资金需要进一步落实。

一期封关运作的主要项目情况如下：

1. 保税区港内工程。

（1）海域吹填：2.5 平方公里海域吹填、平整，投资估算 47042 万元，其中 1.9 平方公里于 2008 年 8 月完成，0.6 平方公里于 2008 年 12 月完成。

（2）码头工程：2 个 10 万吨级集装箱泊位，投资估算 180000 万元，2009 年 6 月底前建成。

（3）道路工程：四纵六横道路 10 条，总长 14.2 公里，投资估算 42392 万元，2009 年 10 月底前建成。

（4）给水工程：Φ200—300PE 供水管道总长 6.64 公里，投资估算 882 万元，2009 年 10 月底前建成。

（5）雨污工程：雨水、污水泵站各 1 座，Φ400—2200 雨水管道、Φ300—1600 污水管道各长 6.64 公里，投资估算 6714 万元，2009 年 10 月底前建成。

（6）供电工程：110kv 变电站 1 座及线路，投资估算 6150 万元，2009 年 10 月底前建成。

（7）电信工程：通信电缆管孔 2 孔，长 5.7 公里，投资估算 260 万元，2009 年 10 月底前建成。

（8）监管设施：1 个卡口、46000 平方米查验场地、6593 米长围网、6483 米长巡逻道及监控系统，配置相应的设备，投资估算 15010 万元，2009 年 10 月底前建成。

（9）办公设施：行政联检大楼、值班和现场办公室及休息用房（关检共用）21600 平方米（以最后核定为准），联检机构独立办公及公寓楼共 31000 平方米（以最后核定为准），电子信息平台、展示设施和办公设备，投资估算 14920 万元，2009 年 10 月底前建成。

一期工程保税港区内投资 313370 万元，其中区内道路、给排水、监管设施、办公服务设施等非经营性投资 79918 万元。

2. 保税港区外配套工程。

（1）10 万吨级航道：航道长 30.7 公里，投资估算 93800 万元，2008 年 10 月建成。

（2）大榄坪二号路：长 4.974 公里、宽 40 米，投资估算 20105 万元，2008 年 12 月底前建成。

（3）钦州港至保税港区铁路：地铁一级标准，长 20 公里，投资估算 40000 万元，2009 年 10 月底前建成。

（4）钦州港水厂至保税港区自来水管网：加压泵站 1 座，管网长 6500 米，投资估算 8700 万元，2008 年 10 月底前建成。

（5）大榄坪污水处理厂：一期 5 万吨 / 日，配套管网 27 公里，投资估算 16500 万元，2010 年 6 月底前建成。

（6）金鼓江航道：0.5 万 ~3 万吨级航道长 6.018 公里，投资估算 14800 万元，2010 年 6 月底前建成。

保税港区外配套工程总投资估算 193905 万元。

二、保税港区管理体制和组织领导

（一）管理体制。

按照《海关总署关于广西钦州保税港区规划建设有关事宜的函》的相关要求，参照已经封关运作的 3 个保税港区的管理体制设置和运行管理的成功经验，需要尽快研究成立广西钦州保税港区管理委员会。广西钦州保税港区管理委员会是自治区人民政府的直属派出机构。

设立广西钦州保税港区管理委员会的具体方案，由自治区编办牵头，自治区北部湾办和钦州市人民政府等参与研究提出管委会组建方案报自治区党委、自治区人民政府。

（二）组织领导。

1. 成立自治区钦州保税港区开发建设领导小组，负责统筹协调解决开发建设过程中的重大问题。领导小组办公室设在自治区北部湾办，负责牵头协调广西钦州保税港区建设有关工作。

2. 钦州市成立广西钦州保税港区开发建设指挥部，具体负责广西钦州保税港区开发建设的日常工作。

三、开发建设经营主体

（一）成立钦州国际集装箱码头有限公司，负责保税港区一期吹填和二、三期码头作业区吹填，负责港口码头的开发建设与经营。钦州国际集装箱码头有限公司由广西北部湾国际港务集团有限公司控股，深圳盐田港集团、中远集团、中海集团及马士基集团等参股。合资公司未成立前，广西北部湾国际港务集团有限公司要全力投入港口和码头作业区的建设。

（二）成立钦州保税物流基础设施投资有限公司，负责一期除港口码头及供电、通信设施外的基础设施项目建设，负责二、三期保税物流区、出口加工区和综合服务区的吹填。由广西北部湾开发投资有限公司控股，钦州市政府及自治区有关公司出资参股。目前，广西北部湾开发投资有限公司已承担的供水、污水处理等项目建设，要继续加快建设。

（三）保税港区的供电设施和通信设施，分别由广西电网公司和广西电信公司建设。

四、多渠道筹措建设资金

（一）由开发建设经营主体通过自筹、借贷和引进战略投资者筹措建设资金，特别是经营性项目的建设资金。

（二）争取国家开发银行等金融机构的支持。

（三）通过土地运作筹措建设资金。

（四）鼓励通过 BT、BOT 等方式筹措资金投入道路工程等基础设施建设。

（五）鼓励企业开发，政府回购、租赁等基础设施开发建设模式，以减缓资金筹措压力。

（六）自治区和钦州市两级政府筹措资金，支持非经营性设施的建设。一期封关运作非经营项目投资初步框算 79918 万元，自治区人民政府今明两年适当安排补助资金，用于保税港区非经营性设施建设，不足部分由钦州市负责筹措。

五、一期封关运作主要建设项目安排

实现 2009 年底一期封关运作，需要做的事情很多，时间紧，建设任务重，资金需求强度大，必须抓紧推进。按照一期工程的不同规划区块划分，一期吹填和二、三期码头作业区吹填，港口码头等项目，由钦州国际集装箱码头有限公司负责保税港区的开发建设。

保税港区一期工程项目内除港口码头、吹填及供电、通信设施外的基础设施，以及二、三期保税物流区、出口加工区和综合服务区的吹填，由钦州保税物流基础设施投资有限公司负责建设。

供电设施和通信设施，分别由广西电网公司和广西电信公司建设。

一期封关运作主要建设项目安排、封关前的各项工作分工与责任，详见附表《广西钦州保税港区一期封关运作工作目标责任表》。

六、招商引资及宣传推介

按照《海关总署关于广西钦州保税港区规划建设有关事宜的函》的要求，广西钦州保税港区要结合当前国际产业转移的新动态以及本地资源特点，及早选好一批符合国际产业转移规律和国家税收政策的、体现本地资源优势，又能与周边地区形成错位发展的优质投资项目的入园准备工作，达到封关验收后，能运作起来，早见成效。

为此，成立后的广西钦州保税港区管理委员会，必须尽早谋划、适时启动保税港区的招商引资和宣传推介工作，做到建设、招商引资、宣传推介同步推进。

在广西钦州保税港区管委会成立之前，钦州市要承担起这个职责。自治区北部湾办、招商局等部门全力支持这项工作。

与此同时，自治区要制定扶持、支持保税港区招商引资的相关政策，促进招商引资入港区，以保证保税港区建成后即可运行，发挥效益见成效。

七、部门职责

（一）自治区编办：负责提出设立广西钦州保税港区管委会方案等相关工作；组织协调拟制向国务院申请保税港区海关、检验检疫等联检机构设置及人员编制的方案上报。

（二）自治区发展改革委：负责保税港区建设项目前期工作的总体协调和项目可研报告的审批或报批工作，对口跟踪落实国家发展改革委审批核准。

（三）自治区财政厅：负责保税港区非经营性基础设施建设资金自治区本级应负担部分的筹措、管理和拨付，并监督资金的使用。

（四）自治区交通厅：负责协调保税港区港口码头建设方案与港口规划相互衔接，做好港口码头等交通基础设施项目前期工作和建设指导、规划和项目有关手续报批，对口跟踪落实国家交通运输部审批。

（五）自治区国土资源厅（海洋局）：负责协调保税港区建设项目用海用地预审和报批工作，对口跟踪落实国土资源部、国家海洋局审批。

（六）自治区建设厅：负责将广西钦州保税港区总体规划和控制性详细规划纳入钦州市城市总体规划修编的指导和报批。

（七）自治区商务厅：负责保税港区的开放合作等相关工作。负责进驻保税港区各查验部门的协调和沟通。参与拟制向国务院申请保税港区海关、检验检疫等联检机构设置及人员编制的方案。

（八）自治区北部湾办：负责保税港区规划、建设、招商推介、管理的统筹协调。

（九）自治区招商局：负责组织协调保税港区招商引资推介。

（十）南宁海关：负责广西钦州保税港区规划和建设方案沟通衔接，参与广西钦州保税港区管委会组建及保税港区管理办法制订等相关工作，指导保税港区监管设施建设，做好保税港区封关运作验收有关工作，对口跟踪落实海关总署有关报批、验收。代自治区人民政府拟制向国务院申请保税港区海关机构设置及人员编制的文件。

（十一）广西出入境检验检疫局：负责保税港区规划和建设方案的沟通衔接，参与保税港区管委会组建及保税港区管理办法制订等工作，对保税港区监管设施和检验检疫办公用房、实验室及相关配套设施建设进行指导。代自治区人民政府拟制向国务院申请保税港区检验检检疫机构设置及人员编制的文件，对口跟踪落实国家质检总局验收工作。

（十二）国家外汇管理局广西分局：依法对保税港区域内机构外汇收支、外汇账户、购汇及结汇等实施监督和管理。

（十三）钦州市人民政府：成立保税港区建设指挥部，全权负责保税港区规划、建设、招商、管理等各项工作。

自治区党委　自治区人民政府
关于组建中共广西钦州保税港区工作委员会
广西钦州保税港区管理委员会的通知

桂委会〔2009〕102号

各市、县党委和人民政府，自治区农垦局，自治区党委和自治区级国家机关各部委办厅局，各人民团体，各高等学校：

根据国务院《关于同意设立广西钦州保税港区的批复》（国函〔2008〕48号），为加快广西北部湾经济区的开放开发，促进广西钦州保税港区的建设与发展，自治区党委、自治区人民政府决定，组建中共广西钦州保税港区工作委员会，为自治区党委的派出机构；组建广西钦州保税港区管理委员会，为自治区人民政府的派出机构。中共广西钦州保税港区工作委员会与广西钦州保税港区管理委员会合署办公，实行一个机构、两块牌子，专门负责广西钦州保税港区管理工作。

中共广西钦州保税港区工作委员会、广西钦州保税港区管理委员会的主要职责、内设机构和人员编制规定另文下达。

中共广西壮族自治区委员会
广西壮族自治区人民政府
2009年6月22日

自治区党委办公厅　自治区人民政府办公厅关于印发《中共广西钦州保税港区工作委员会广西钦州保税港区管理委员会主要职责内设机构和人员编制规定》的通知

桂办发〔2009〕58号

各市、县党委和人民政府，自治区农垦局，自治区党委和自治区级国家机关各部委办厅局，各人民团体，各高等学校：

《中共广西钦州保税港区工作委员会、广西钦州保税港区管理委员会主要职责内设机构和人员编制规定》已经自治区党委、自治区人民政府批准，现予印发。

中共广西壮族自治区委员会办公厅
广西壮族自治区人民政府办公厅
2009年6月22日

中共广西钦州保税港区工作委员会广西钦州保税港区管理委员会主要职责内设机构和人员编制规定

根据《自治区党委、自治区人民政府关于组建中共广西钦州保税港区工作委员会、广西钦州保税港区管理委员会的通知》（桂委会〔2009〕102号），中共广西钦州保税港区工作委员会（以下简称保税港区工委），为自治区党委的派出机构；广西钦州保税港区管理委员会（以下简称保税港区管委会），为自治区人民政府的派出机构。保税港区工委与保税港区管委会合署办公，实行一个机构、两块牌子，专门负责广西钦州保税港区管理工作。保税港区工委、保税港区管委会的主要职责、内设机构和人员编制规定如下：

一、主要职责

（一）负责中央和自治区有关法律、法规和政策在保税港区的贯彻实施，制订、发布和组织实施保税港区的有关管理规定。

（二）研究制订保税港区经济社会发展计划和建设发展规划，经批准后负责组织实施。

（三）根据自治区人民政府授权或者接受有关部门委托，集中统一行使行政许可权、行政处罚权等行政管理职权。

（四）依法接受自治区有关行政部门的委托，统一管理保税港区土地、规划、建设、工商、财政、劳动和社会保障、环保、卫生、安全生产等各项公共管理工作。

（五）协调海关、检验检疫、边检、税务、外汇等有关管理部门和其他驻区单位的工作和相关事务。

（六）组织编制产业发展规划，统筹产业布局，对投资项目和开发建设活动实施管理。

（七）推进保税港区公共信息平台建设，及时发布公共信息，实现信息资源的整合与共享。

（八）受自治区党委的委托，负责指导和管理保税港区管委会机关及企事业单位党的建设、纪检监察、精神文明建设和群团工作；按照干部管理权限，管理保税港区管委会机关和直属单位干部。

（九）完成自治区党委、自治区人民政府交办的其他事项。

二、内设机构

根据上述职能，保税港区工委、保税港区管委会机关设 4 个职能处（室）。

（一）办公室

协助管委会领导处理机关日常事务；负责重大活动、重要会议的组织安排；负责机构编制、干部管理、人力资源管理、劳动和社会保障等工作；负责文秘、档案、保密、信息、信访及财务等工作；负责有关决议、决定等的催办、督办；负责联络协调、行政后勤和来宾接待工作；负责党建和群团工作。

（二）经济发展处

研究拟订保税港区经济社会发展规划；负责拟定保税港区产业发展规划、行业结构调整规划和年度计划，并做好组织实施和监督工作；负责项目前期工作；负责项目立项、可行性研究报告、合同章程等审批核准备案报批工作；负责财政、税收、工商管理工作；研究中央和自治区有关法律、法规和政策，保税港区优惠政策、管理体制及运营模式；负责保税港区管委会综合材料工作；协调海关、检验检疫、港口、海事、边检等联检机构工作。

（三）建设管理处

研究拟订保税港区建设发展规划；负责建设项目的规划、选址、施工图等报建手续、审核报批及验收；负责管理建筑市场，监管工程质量；负责建设工程招投标等工作；负责审核工程预决算、定额管理工作；负责区域内测绘勘测和市政公用设施、园林绿化、环境卫生的管理工作；负责建设项目环境评估等环境管理工作；受委托编制区域内的总体规划、分区规划、详细规划及其他专项规划，负责规划实施的监督检查；负责土地、海洋、环境保护管理。

（四）投资促进处

负责保税港区投资环境、优惠政策的对外宣传工作；负责招商引资工作；负责投融资工作，负责外事联络工作。

三、人员编制

保税港区工委、保税港区管委会机关行政编制 30 名。其中：保税港区管委会主任（保税港区工委书记）1 名，由 1 名自治区副主席兼任；保税港区管委会常务副主任（兼任保税港区工委副书记）1 名（正厅长级），副主任 2 名（副厅长级）；处级领导职数 8 名。

核定机关后勤服务聘用人员控制数 5 名。

四、其他事项

（一）保税港区工委、保税港区管委会与钦州市人民政府的关系

保税港区工委、保税港区管委会在符合广西北部湾经济区发展规划、钦州港总体规划以及广西海洋功能区划等相关规划的前提下，统筹管理保税港区规划和建设中的重大问题，主要负责对保税港区内的重大基础设施、重大产业布局等实行统一规划、统一组织建设。除口岸、港口、公安部门以及在保税港区内设立办事机构的部门外，管委会负责履行对保税港区内的行政许可、行政处罚和其他行政管理事项实行行政管理。钦州市人民政府参与相关工作。钦州市 1 名副市长兼任保税港区管委会副主任。

（二）保税港区管委会与北部湾（广西）经济区规划建设管理委员会的关系

保税港区的规划建设纳入广西北部湾经济区的总体规划；北部湾（广西）经济区规划建设管委会负责对保税港区规划建设的协调，钦州保税港区管委会业务上接受北部湾（广西）经济区规划建设管委会的指导。

（三）保税港区工委、保税港区管委会与区直有关部门的关系

保税港区规划与建设的主要工作和重大事项，由保税港区工委、保税港区管委会负责统筹协调和管理，各有关部门参与；保税港区内的重大基础设施、重大产业布局由管委会负责统一组织规划和统一组织实施，自治区有关部门参与共同开展工作；保税港区管委会受自治区人民政府的委托，在保税港区内履行相关行政管理职责，并负责协调和配合口岸、海关、检验检疫、港口、海事、边检、工商、税收、金融、公安、环保、海洋等有关管理部门在保税港区的行政管理工作；自治区有关部门现行的项目立项、审批、向国家有关部门申报争取支持等行政管理职能不变，重大项目一经管委会统一规划和统一研究确定，分别由各有关部门办理相关手续。

（四）设立保税港区综合服务中心，为保税港区管委会直属相当正处级财政全额拨款事业单位，负责保税港区的信息管理和相关服务工作。核定财政全额拨款事业编制 5 名，其中主任 1 名，副主任 1 名。

五、附则

本规定由自治区机构编制委员会办公室负责解释，其调整由自治区机构编制委员会办公室按规定程序办理。

广西钦州保税港区（一期）基础和监管设施验收纪要

国务院联合验收组
广西壮族自治区人民政府
二〇〇九年十二月二十三日

2008年5月29日，国务院批准设立广西钦州保税港区。广西壮族自治区人民政府成立了广西钦州保税港区开发建设领导小组，按照《海关总署关于广西钦州保税港区规划建设有关事宜的函》的要求，确定了广西钦州保税港区（一期）建设方案，根据《海关特殊监管区域基础和监管设施验收标准》（以下简称《验收标准》）的规定对广西钦州保税港区（一期）2.014平方公里范围进行了基础和监管设施建设，并于2009年11月30日通过了南宁海关会同地方有关部门组织的预验收。2009年12月3日和6日，南宁海关和钦州市人民政府分别向海关总署提出了正式验收的申请。

2009年12月23日，海关总署会同国家发展改革委、财政部、国土资源部、住房城乡建设部、交通运输部、商务部、税务总局、工商总局、质检总局、国家外汇管理局等部门组成联合验收组，根据《海关特殊监管区域基础和监管设施验收标准》，对广西钦州保税港区（一期）2.014平方公里范围的基础和监管设施进行了验收。现将验收情况纪要如下：

一、区域范围及基础设施

广西钦州保税港区规划控制面积10平方公里。四至范围：北至金光工业园区启动区，西至钦州港10万吨进港航道，东至大环作业区后方陆域，南至大榄坪南作业区。

广西钦州保税港区（一期）建设面积2.014平方公里，包括码头作业区、保税物流区、出口加工区、综合服务区，用地范围在国务院批准的规划控制面积和四至范围内；区域内土地已规划到位并依法取得国有土地使用权；基础设施已基本建设完毕，实现了“七通一平”；区内无生活居住建筑设施。

二、隔离设施

广西钦州保税港区（一期）运作范围内区域，已建成不间断全封闭金属网状式围墙，总长度为6418米。隔离围墙总净高度为3米，其中，底部为浇注水泥式基台，高0.50米；中部为钢板网，高2.2米，宽1.5米，网丝直径不小于0.005米，网眼见方不大于0.0025平方米；上部为横排列三根带刺铁丝网，每根间距0.1米的金属网。距隔离围网内、外直径5米内无建筑物、电线杆、路灯、变电塔等配电设备和设施。

三、通道、卡口设施及有关监管设施

（一）进出通道。广西钦州保税港区（一期）已建设二号路主卡口一个，土建规模按14条通道建设，设备配置6套，其中4条货道（2进2出），2条行政道（1进1出，含人员通道）。实现了货车、客车、人员分流，专用通道间有隔离设施，并设有明显标志。

（二）卡口。主卡口货车通道设置了检查卡口，在卡口安装了电子闸门放行系统、车辆自动识别系统、单证识别系统、与H2000联网的电子地磅系统和视频监控系统；在三个子卡口以及查验场入口安装抬杆、读卡器、视频监控摄像头等设备；行政通道安装了电子闸门放行系统、读卡器及视频监控系统。

（三）验货场地。建有海关、检验检疫共用的查验场地40000平方米，候检区5000平方米，海关扣留仓库3000平方米，大型集装箱检查设备预留用地600平方米，验货场地配有卸货平台、视频监控、必备的照明设施，与海关H2000联网的电子地磅系统。

（四）监管仓库。区内建有海关、检验检疫共用的监管仓库3000平方米，仓库内安装有照明设施和视频监控系统。验货平台与监管仓库相接，并可进行铲车作业。

（五）巡逻通道。区内沿隔离围网建有横宽不少于4米、长6418米的海关监管、巡逻专用通道，沿巡逻通道安装了照明设施和监控设施。

（六）监控系统。沿保税港区隔离围网设置了视频监控系统和报警系统，运行正常，能够保证对围网周界全方位无盲区监控；同时，在通道、卡口、验货场地、监管仓库等监管工作区域设置了符合相关监管要求的监控系统。

（七）检验检疫处理场所和设施。区内设有检验检疫所需的熏蒸消毒或销毁处理的场地，符合安全要求，有警示标志，并配有现场办公用房、药品器械库和必要的消毒器具。

（八）计算机管理系统。区内建有符合海关、检验检疫监管要求的网络环境和计算机管理系统，满足外汇、税务等部门有关业务监管信息共享的管理需要。

四、监管、办公用房以及休息用房

1. 监管用房。二号路主卡口建有面积为920平方米的海关卡口监管用房；查验场内建有查验监控中心，共三层，总面积2400平方米，海关、检验检疫各1200平方米。

2. 办公用房。保税港区建有35731平方米行政联检大楼以及联检大厅。联检大楼内有海关办公用房两层，使用面积905.76平方米，检验检疫办公用房一层，使用面积452.88平方米；联检大厅海关办公用房及报关大厅使用面积717.17平方米（含保税港区集中监控中心），检验检疫办公用房及报检大厅使用面积511.42平方米。办公用房内设有办理业务的相关设施。

3. 休息用房。保税港区主管部门向海关和检验检疫部门提供了用于24小时监管和通关值守的休息用房。

五、监管配套设施

广西钦州保税港区主管部门为驻区海关及检验检疫部门提供了部分办公设施，其它办公设施、条件将在正式验收和开办业务前配置到位。海关及检验检疫部门办公场所已通水、通电，通信线路畅通。

六、联合验收组评审意见

广西钦州保税港区（一期）2.014平方公里范围的基础和监管设施基本符合《海关总署关于印发〈海关特殊监管区域基础和监管设施验收标准〉的通知》（署加发〔2007〕143号）的规定和要求。请尽快完善相关用地手续。联合验收组同意广西钦州保税港区（一期）2.014平方公里通过验收，并予颁发《保税港区验收合格证书》。

本纪要一式四份，国务院联合验收组与广西壮族自治区人民政府各执二份。

国务院联合验收组组长	广西壮族自治区人民政府代表
签字：	签字：
二〇〇九年十二月二十三日	二〇〇九年十二月二十三日

广西壮族自治区人民政府令

（第56号）

《广西钦州保税港区管理办法》已经2010年10月12日自治区第十一届人民政府第69次常务会议审议通过，现予发布，自2010年12月1日起施行。

自治区主席　马　飚

二〇一〇年十月二十七日

第一条　为了规范广西钦州保税港区管理，促进广西北部湾经济区开放开发，根据有关法律、法规和《国务院关于同意设立广西钦州保税港区的批复》（国函〔2008〕48号），制定本办法。

广西钦州保税港区（以下简称保税港区）的管理、开发、建设、运营适用本办法。

第二条　保税港区的具体范围按照《国务院关于同意设立广西钦州保税港区的批复》（国函〔2008〕48号）执行。

第三条　保税港区的建设与发展应当坚持体制创新、先行先试，建设成为功能完善、政策宽松、运行高效、环境优美、高度开放的海关特殊监管区域。

第四条　自治区和钦州市制定优惠政策和促进措施，在政策、规划、项目、土地、财税、资金、人才等方面支持保税港区的建设与发展。

第五条　加大各级政府对保税港区的投入力度，落实和完善相关财税优惠政策。

第六条　广西钦州保税港区管理委员会（以下简称管委会）为自治区人民政府的派出机构，统一负责保税港区相关行政管理工作，并负责协调和配合口岸、海关、检验检疫、海事、边检、港口、工商、环保、税务、外汇、公安等有关部门在保税港区的行政管理工作。

经有关部门批准，管委会可以设立、调整相关行政管理机构，并赋予其相应的管理职责。

第七条　保税港区的治安、消防、港政、航运、水上交通和道路交通安全管理，由相关管理部门按照有关法律、法规、规章执行。

第八条　管委会根据自治区人民政府的授权或者接受自治区人民政府和钦州市人民政府有关部门的委托，可以在保税港区内实施下列行政审批：

（一）外商投资项目的审批；

（二）投资项目的核准、备案及可行性研究报告、初步设计的审批；

（三）建设项目选址意见书、建设用地规划许可证和建设工程规划许可证的审批；

（四）建设项目使用国有土地审批和用海审查报批；

（五）建设工程报建、建设项目设计方案和建设工程施工的审批；

（六）临时占用道路、挖掘道路、建筑垃圾和工程渣土排放、处置的审批；

（七）自治区人民政府确定可以委托管委会行使的其他行政审批。

管委会应当将行政许可实施情况报送委托的行政主管部门备案；委托的行政主管部门对管委会实施行政许可事项进行指导和监督。

第九条　管委会在保税港区内设立集中办理行政审批事项的场所，实行一个窗口受理、集中办理、限时办结、跟踪服务等制度。

第十条　经自治区人民政府批准，管委会可以相对集中行使行政处罚权。

第十一条　管委会组织编制保税港区产业发展规划、区域建设规划，并与钦州市相关规划相衔接，报经自治区人民政府批准后组织实施。

保税港区的开发建设，应当符合保税港区产业发展规划和区域建设规划。

第十二条　在保税港区内设立企业，依法应当在登记前报经有关行政管理部门批准的，由管委会组织有关行政管理部门集中办理。工商行政管理部门应当在受理之日起7个工作日内完成企业登记审批手续。

第十三条　保税港区内的行政管理机构实行服务承诺制度，将机构设置、职能、办事程序、承诺事项等内容在管委会公共网站公示，为企业提供高效、便捷服务。

第十四条　管委会组织协调驻保税港区的海关、检验检疫、海事、边检等单位建立保税港区口岸联合监管协调机制，协调各监管部门对保税港区的监管工作，创新口岸监管制度，提高通关效率。

第十五条　建立联合查验机制，对需要查验的进出货物、船舶、人员，由海关、检验检疫、海事、边检等部门根据需要进行查验。

第十六条　进出保税港区的人员和运输工具凭管委会发放的专用证件在指定通道通行。管委会负责协调海关、边检、检验检疫等有关单位，保证进出保税港区的人员和运输工具安全、有序、便捷通行。

第十七条　自治区人民政府确定的保税港区开发经营主体，享有保税港区开发建设权及对所投资项目的使用权、经营权和收益权，负责非经营性基础设施和监管设施的维护、经营性设施的运营管理以及其他后勤保障。

第十八条　管委会负责组织储备和管理保税港区内的土地。

第十九条　管委会会同海关、检验检疫、海事、边检、港口等单位推进保税港区信息化建设，及时发布保税港区公共信息，实现保税港区信息资源的整合与共享。

第二十条　管委会应当与钦州市人民政府建立会商机制，加强保税港区与毗邻区域的规划、产业、项目、市政和基础设施等方面的对接，实现良性互动发展。

第二十一条　保税港区内企业依法享受国家、自治区、钦州市和保税港区有关优惠政策，其合法权益受法律保护。

保税港区内企业应当遵守法律、社会公德、商业道德。

第二十二条　本办法自2010年12月1日起施行。

国务院关于同意广西钦州港口岸扩大对外开放的批复

广西壮族自治区人民政府：

你区关于钦州港口岸扩大对外开放的请示收悉。现批复如下：

一、同意钦州港口岸西港区和中港区对外国籍船舶开放。钦州港口岸扩大开放水域范围共分为两部分（详见附件），扩大开放岸线范围为：

金鼓江作业区岸线长 4.915 千米，共 13 个泊位。

大榄坪南作业区岸线总长 5.36 千米，共 13 个泊位。

大榄坪南作业区岸线总长 10.701 千米，共 33 个泊位。

大环作业区岸线长 5.6 千米，共 13 个泊位。

三墩作业区岸线长 2.2 千米，共 7 个泊位。

三墩外港作业区无岸线，泊位 1 个。

二、同意在钦州保税港区设立正处级海关、出入境检验检疫局，正团级建制边防检查站；海事业务由现有的钦州港海事局承担，不再单独另设机构。同意为钦州港口岸扩大开放核增查验人员编制 350 名，其中，海关 135 名、出入境检验检疫 103 名、边检（现役）78 名、海事 34 名。

三、海关、出入境检验检疫、边检等查验机构增编人员办公业务用房所需建设资金，由发展改革委一次性补助 1222 万元，不足部分和开办费由地方政府解决；查验单位业务用仪器设备和交通工具，由各自主管部门解决。

四、钦州港口岸区西港区和中港区正式对外开放前，由海关总署组织有关部门验收，合格后再对外公布。

附件：钦州港口岸扩大对外开放水城范围。（略）

广西壮族自治区人民政府关于明确广西钦州保税港区管理委员会行政管理职权的通知

各市、县人民政府，自治区农垦局，自治区人民政府各组成部门、各直属机构：

《广西钦州保税港区管理办法》(自治区人民政府令第56号，以下简称《管理办法》)已于2010年12月1日起施行。《管理办法》规定，广西钦州保税港区管理委员会（以下简称管委会）是自治区人民政府的派出机构，统一负责保税港区相关行政管理工作，并负责协调和配合口岸、海关、检验检疫、海事、边检、港口、工商、环保、税务、外汇、公安等有关部门在保税港区的行政管理工作；管委会接受自治区人民政府及其有关部门和钦州市人民政府及其有关部门的委托，在保税港区内实施相关的行政审批并行使相关的行政审批权；经自治区人民政府批准，管委会在保税港区内可以相对集中行使行政处罚权。为了全面贯彻落实《管理办法》，确保管委会依法行政，现就明确管委会行政管理职权有关问题通知如下：

一、委托管委会实施行政审批

委托行政机关依照《管理办法》的规定，将本机关实施的行政审批事项委托管委会负责审批，管委会在委托范围内，以委托行政机关名义实施行政审批，不得再委托其他单位或者个人实施行政审批，委托行政机关对管委会实施行政审批行为的后果承担法律责任。

（一）根据《管理办法》规定，管委会受自治区人民政府及其有关部门和钦州市人民政府及其有关部门的委托，可以在保税港区内实施下列行政审批：1. 外商投资项目的审批；2. 投资项目的核准、备案及可行性研究报告、初步设计的审批；3. 建设项目选址意见书、建设用地规划许可证和建设工程规划许可证的审批；4. 建设项目使用国有土地审批和用海审查报批；5. 建设工程报建、建设项目设计方案和建设工程施工的审批；6. 临时占用道路、挖掘道路、建筑垃圾和工程渣土排放、处置的审批；7. 自治区人民政府确定可以委托管委会行使的其他行政审批。委托管委会实施行政审批的具体范围按照《委托广西钦州保税港区管理委员会实施的行政审批项目目录》执行。委托行政机关要将《委托广西钦州保税港区管理委员会实施的行政审批项目目录》确定的行政审批项目全部委托管委会实施行政审批。

（二）委托行政机关要在自治区人民政府网站、钦州市人民政府网站、管委会网站上发布公告，公告委托管委会实施行政审批的行政审批项目。

（三）委托行政机关要在2011年4月15日前完成委托工作，管委会要积极主动地配合委托行政机关做好接受委托的有关工作。自2011年4月15日起，《委托广西钦州保税港区管理委员会实施的行政审批项目目录》确定的行政审批项目全部由管委会实施行政审批，委托行政机关不再实施行政审批。

（四）委托行政机关要将编有号码并盖好公章的审批文书交给管委会管理和填发；委托管委会实施审批的行政审批项目较多的，委托行政机关应刻制行政审批专用章交给管委会管理和使用；委托实施的行政审批项目没有格式化的审批文书且该项行政审批发生频率较低的，委托行政机关可以不刻制行政审批专用章，但对管委会的审批决定不再进行审查并且在收到管委会审批文书当日加盖公章并办结。行政审批专用章和审批文书的具体管理使用办法，由委托行政机关和管委会根据行政审批的特点和方便管委会实施行政审批事项的需要共同商定。

（五）委托行政机关要加强对管委会实施行政审批事项进行指导和监督。管委会要定期向委托行政机关通报行政审批实施情况，依法、自觉地接受委托行政机关的监督。委托行政机关发现管委会实施行政审批事项过程中存在的问题要及时向管委会提出书面意见，管委会要及时整改，并向委托行政机关报告整改情况。对管委会因受委托实施行政审批事项引发的行政复议、行政诉讼、行政赔偿案件，由管委会负责承办应诉等事项。

（六）管委会要按照《管理办法》和自治区有关规定，在保税港区内设立集中办理行政审批事项的场所，实行一个窗口受理、集中办理、限时办结、跟踪服务等制度，切实提高行政审批工作质量和工作效率。

二、委托管委会执收政府非税收入

委托行政机关或者单位将本机关或者本单位执收的政府非税收入委托管委会负责执收，管委会在委托范围内，以委托行政机关或者单位名义执收政府非税收入，不得再委托其他单位或者个人执收，委托行政机关或者单位对管委会执收政府非税收入行为的后果承担法律责任。

（一）在保税港区内，凡是与委托行政审批事项有关的政府非税收入原则上要委托管委会执收。委托管委会执收的政府非税收入的具体范围按照《委托广西钦州保税港区管理委员会执收的政府非税收入项目目录》执行。委托行政机关或者单位要将《委托广西钦州保税港区管理委员会执收的政府非税收入项目目录》确定的政府非税收入项目全部委托管委会执收。

（二）委托行政机关或者单位要在2011年4月15日前完成委托工作，管委会要积极主动地配合委托行政机关或者单位做好接受委托的有关工作。自2011年4月15日起，《委托广西钦州保税港区管理委员会执收的政府非税收入项目目录》确定的政府非税收入项目全部由管委会执收，委托行政机关或者单位不再执收。

（三）管委会要在委托范围内按照法定的政府非税收入项目、标准执收；执收标准有幅度且自治区人民政府规定按照法定最低标准执收的，管委会要按照法定最低标准执收；管委会要依法、自觉地接受委托行政机关或者单位和财政部门的监督。委托行政机关或者单位要将盖好公章的政府非税收入执收票据交给管委会管理和使用。委托执收的政府非税收入的管理和使用办法由管委会商自治区财政厅、钦州市人民政府另行制定。

三、授权管委会相对集中行使行政处罚权

在保税港区内，除限制人身自由的行政处罚权、国务院部门垂直领导的行政机关行使的行政处罚权外，其他相关的行政处罚权经自治区人民政府批准，原则上由管委会统一行使，并以管委会的名义实施行政处罚。管委会要按照《国务院关于进一步推进相对集中行政处罚权工作的决定》（国发[2002]17号）和《广西壮族自治区人民政府关于推进相对集中行政处罚权和综合行政执法试点工作的通知》（桂政发[2004]16号）的要求，尽快制定相对集中行政处罚权工作方案，报自治区人民政府批准实施。

四、加强明确管委会行政管理职权工作的组织领导

钦州市人民政府和自治区有关部门要加强对明确管委会行政管理职权工作的组织领导，主要领导同志要亲自抓，把这项工作列入重要议事日程，采取切实有效措施，在规定时间内完成明确管委会行政管理职权的工作。

钦州市人民政府和自治区有关部门要结合本地区、本部门的实际，对明确管委会行政管理职权工作中出现的新情况、新问题进行认真研究解决，并及时与自治区法制办、编办沟通，重大问题要及时上报。

附件：1. 委托广西钦州保税港区管理委员会实施的行政审批项目目录（略）

2. 委托广西钦州保税港区管理委员会执收的政府非税收入项目目录（略）

自治区党委办公厅自治区人民政府办公厅关于印发《广西钦州保税港区管理体制改革方案》的通知

厅发〔2014〕45号

各市、县党委和人民政府，自治区党委和自治区级国家机关各部委办厅局，各人民团体，各高等学校：

经自治区党委、自治区人民政府同意，现将《广西钦州保税港区管理体制改革方案》印发给你们，请结合实际认真贯彻执行。

中共广西壮族自治区委员会办公厅
广西壮族自治区人民政府办公厅
2014年10月24日

（此件发至县团级）

广西钦州保税港区管理体制改革方案

为深入推进广西钦州保税港区管理体制改革，本着有利于钦州保税港区优化管理、高效运营、持续发展，同时妥善处理好各方利益、调动各方积极性的原则，制定本方案。

一、目标任务

（一）改革的必要性

钦州保税港区建设初期所采用的管理体制，充分调动了自治区和钦州市两级政府的积极性，动员了自治区直属港口企业、投资企业的投资和建设能力，集中力量，整合资源，确保了建设任务圆满完成。钦州保税港区于2014年8月28日成功通过二、三期封关验收，标志着由建设阶段进入全面运营阶段，需要适时对管理和运营模式进行调整，理顺关系，精简管理，专业运作，激发活力，促进钦州保税港区快速发展。

（二）改革的总目标

通过改革，进一步理顺钦州保税港区管理和运营的体制机制，构建高效的服务型政府，建立产权明晰的开发运营主体，做大做强保税物流和集装箱业务，提高核心竞争力，充分发挥海关特殊监管区域对港口整体发展的带动效应，为北部湾经济区的园区发展探索可复制、可推广的经验。

二、基本原则

（一）坚持"三个不变"。即：钦州保税港区工委、管委会保留其作为自治区党委、自治区人民政府派出机构和原有级别不变，自治区财政经费保障不变，自治区扶持政策不变。

（二）理顺两个关系。一是理顺自治区、钦州市、管委会的关系；二是理顺管委会与运营公司的关系。

三、改革措施

（一）改革管理体制

1．实行委托管理。自治区党委委托钦州市委管理钦州保税港区工委，自治区人民政府委托钦州市政府管理钦州保税港区管委会。自治区人民政府领导不再直接分管钦州保税港区，由钦州市委、市政府全权负责管理。未来根据发展需要，钦州保税港区可探索实行法定机构管理。

钦州保税港区工委书记、管委会主任由钦州市市长兼任；设工委副书记、常务副主任一名，主持日常工作。为便于协调，钦州保税港区运营公司领导可兼任钦州保税港区工委委员，钦州保税港区所在的钦州港经济技术开发区（国家级）管委会主任可兼任钦州保税港区管委会副主任。

2．明确干部管理权限。除自治区党委管理的干部外，管委会其他干部的管理权限问题由钦州市委研究确定。

3．加快管委会内部改革。按照转变职能、提高效率、廉洁透明的要求，加快推进钦州保税港区管委会内部体制改革。钦州市应充分授权，力求园区的事在园区办。具体方案由钦州市和管委会联合制定。

（二）改革运营模式

钦州保税港区由广西北部湾国际港务集团独家运营，实现港口作业区、物流加工区的整体、联动开发经营。今后根据实际工作需要，钦州市也可以参股。涉及到广西北部湾国际港务集团、广西北部湾投资集团等债权债务关系，由自治区人民政府研究解决。

（三）加大扶持力度

钦州市要加大对钦州保税港区的扶持力度，按照保税新城的总体规划，鼓励网内网外联动开发，鼓励现代物流和港航服务业集聚。广西北部湾国际港务集团要加大招商引资力度，集中力量做优做强保税物流、进出口加工和集装箱业务。具体方案由钦州市和广西北部湾国际港务集团协商确定，自治区北部湾办指导协调。自治区人民政府将继续用好北部湾经济区政策和北部湾经济区产业发展资金，全力支持钦州保税港区的发展。

四、实施步骤

（一）管理体制改革

2014 年 9 月底前将钦州保税港区管理体制改革方案报自治区党委常委会审定。

（二）运营体制改革

1．2014 年 10 月底前将钦州保税港区运营体制改革方案报自治区人民政府批准。

2．2014 年 12 月底前完成运营公司重组